스마트폰세대를 향한 청소년 비전 프로그램

스마트폰세대를 향한청소년 비전 프로그램

초판 1쇄 발행 | 2012. 6. .10
초판 1쇄 인쇄 | 2012. 6. .10
지은이 | 천준호
펴낸이 | 정신일
펴낸곳 | 크리스천리더
편 집 | 방진아
교 정 | 이윤권
일부총판 | 생명의 말씀사 (02) 3159-7979
등 록 | 제 2-2727호(1999. 9. 30)
주 소 | 부천시 원미구 중동 677-16 2층
전 화 | (032) 342-1979
팩 스 | (032)343-3567
도서출간상담 | E-mail:chmbit@hanmail.net
homepage | cjesus.co.kr

ISBN : 978-89-6594-046-3 03230

정가 8,900원

저자와의 협약 아래 인지는 생략되었습니다.
이 출판물은 저작권법에 의해 보호받는 창작물이므로,
무단 복제와 무단전재를 할 수 없습니다.

■ 잘못된 책은 구입하신 곳에서 바꿔드립니다

교회교육 프로그램의 세대교체
주 5일 수업 시행에 따른 토요 비전학교 프로그램

스마트폰세대를 향한 청소년 비전 프로그램

천준호 목사

CLS 크리스천리더

머리글

"나의 삶은 하나님께 예약되어 있습니다."

요즘에는 예약문화가 많이 발달하였음을 보게 됩니다.
멋진 뮤지컬을 보고자 미리 예약하고, 심야영화를 보려면 예약하고, 한 끼의 맛있는 식사를 위해서도 예약합니다.
예약을 하지 않고 갔다가는 낭패를 볼 수 있기 때문입니다. 성경공부를 마치고 학생들과 함께 식당에 갔는데 창가에 좋은 자리가 보였습니다. 전망도 좋고 분위기도 좋아 그곳에 앉으려고 했는데 푯말이 쓰여 있었습니다.
'예약석'.
저는 그 자리에 앉고 싶었지만 앉을 수 없었습니다. 이미 예약해 놓은 사람이 있었기 때문입니다. 식사를 마치고 돌아오는 길에 마음에 떠나지 않는 단어가 있었습니다.
'예약석', '예약되어 있음' 아무나 앉을 수 없고 예약된 사람만 앉을 수 있는 자리 예약석. 저는 가슴에 손을 얹고 고백했습니다.
'하나님, 저는 예약되어 있습니다. 나의 몸은 하나님께 예약되어 있습니다. 다른 사람에게 허용하지 않고 나의 주인 되시는 하나님께만 나의 몸을 드립니다. 나는 하나님께 예약되어 있습니다.'

하나님을 잘 모를 때에는 세상에 나를 허용하고, 세상이 내 마음을 주장하고, 나의 삶을 예약했지만, 이제 나는 하나님의 사람이기에 하나님에게만 내 마음과 삶을 드리고 싶습니다.

예약석에는 아무나 앉을 수 없듯이 하나님께 예약된 나의 마음에 아무나 앉게 할 수 없었습니다.

예약석에는 예약한 사람만 앉을 수 있듯이 나의 몸과 마음을 예약하신 하나님께만 나의 삶을 주장하실 수 있도록 내어 드리고 싶습니다. 나의 몸을, 나의 입술을, 나의 가정을, 나의 미래를 예약하신 하나님께 나의 삶을 드리고 싶습니다. 나는 예약되어 있습니다. '나의 삶은 하나님에게 예약되어 있습니다.'

비전학교를 통해 자라나는 세대가 '나는 하나님께 예약되어있습니다.'라고 고백하게 되기를 기대합니다. 내 인생의 주인공 되시는 예수님이 나의 삶을 주장하셔서 이끌어 가시도록 내어 드리는 다음 세대가 일어나기를 기대합니다.

다음 세대를 세우는 사람
수원 화평교회 담임 천준호 목사

꼭 읽어봐야 할 매뉴얼 1

"위 사진은 이미지 컷으로 실제 음식과 다를 수 있습니다"

식당 앞을 지나가는데 메뉴판이 있기에 자세히 보았더니 먹음직도 하고 보암직도 한 음식들이 그림과 함께 실려 있었습니다. 그런데 그 메뉴판을 자세히 보니 작은 글씨로 이렇게 쓰여 있었습니다. '위 사진은 이미지 컷으로 실제음식과 다를 수 있습니다.'

흔히 볼 수 있는 글이지만 오늘은 다르게 느껴졌습니다. 예수님은 말씀과 삶이 동일 하셨는데 '이론과 실제는 다를 수 있습니다.'라고 말한다면 그분의 말씀을 신뢰할 수 있었을까요? 그리스도인은 실제와 같아야 하고, 교회도 실제와 같아야 한다는 것을 깨닫게 해주는 글이었습니다.

그러고 보니 요즘 가짜가 너무 많이 있습니다. 겉으로 드러나는 것은 그럴듯해 보이는데 막상 포장지를 열어보면 겉과 속이 다릅니다. 빈약한 알맹이를 화려한 껍질로 포장하려고 하는 일들이 얼마나 많이 있는가를 생각해보면서 '준호야, 목사는 겉과 속이 같아야 한다…. 목회하겠다고 교회의 사명선언문을 걸었으면 그렇게 살아야지, 실제와 다를 수 있습니다 하면 안 된다.' 제게 이렇게 이야기하는 것 같았습니다.

설교한 대로 살아야 하고, 어렵더라도 바르게 해야 하고, 감정에 휩싸이지 않고 말씀에 진실해야 하고, 때론 보이는 것이 초라하고 보잘것없어도 그 내용과 중심은 바르게 있어야 주님이 기뻐하시고, 성도들이 신뢰할 수 있지 않을까요? 그럴듯한 그림으로 포장한 후 '실제와 다를 수 있습니다.'라고 말하지 말고 '위 그림과 똑같습니다. 실제와 같습니다.' 이렇게 살고 싶습니다.

비전학교는 책상에서 구상된 책이 아닙니다.

20년 이상 청소년들을 가르치는 현장에서 저자가 직접 연구하고 개발하여 진행했던 캠프 프로그램이었습니다. 학교마다 놀토가 전면적으로 시행되면서 아이들을 세상에 빼앗기면 안 되겠다 생각하여 매주 토요일 교회에서 비전학교로 진행할 수 있도록 집필하게 된 것입니다.

교회의 형편에 따라 대상자를 선정하여 개강할 수 있고, 전체 학생들을 대상으로 하되 조를 편성하여 진행할 수 있습니다.

15주 과정으로 진행되는 비전학교는 청소년시기에 놓쳐서는 안 될 중요한 주제들을 성경과 놀이라는 방법으로 접근하여 기억하기 쉽게 전달하고 있습니다. '준비된 프로그램은 제가 현장에서 진행한 것과 똑같습니다.'

꼭 읽어봐야 할 매뉴얼 2

인생레슨

무엇이든지 잘하려면 레슨을 받아야 합니다. 천재적인 기질이 있어 타고난 사람이라 할지라도 앞서간 사람들의 도움을 받지 못한다면 많은 실수를 거듭할 뿐만 아니라 성장이 더딜 수밖에 없습니다. 자녀들은 음악과 스포츠를 배우려고 레슨을 받습니다. 피아노, 바이올린, 수영, 골프 등 레슨을 통해 기초를 든든히 다지고 자신의 재능을 발견하기도 합니다.

우리의 인생에도 레슨이 필요합니다. 앞서간 사람들의 발자취를 통해 어떻게 인생을 살아야 하는지 배워야 합니다. 삶에 대해 생각하고 기도하며 준비한 사람과 준비 없이 주어진 삶을 살아가는 사람의 인생에는 분명히 차이가 있기 때문입니다. 그런 의미에서 비전학교는 자라나는 세대에 명사특강과 같은 것입니다.

지나온 저의 학창시절을 생각하면 나름대로 의미 있고 소중한 시간이었음은 분명하지만, 누군가에게 삶에 대하여, 비전에 대하여, 신앙에 대하여 레슨을 받을 수 있었다면 좀 더 일찍, 분명한 목표를 가지고 살았을 것이고, 시간을 낭비하지 않았으리라 생각했습니다…. 저의 시행착오와 늦게나마 꿈꾸는 자게 되게 하신 하나님의 은혜를 이 책에 담았습니다.

　부모님과 함께 하는 자녀들을 위한 기도회를 시작으로 '우리가 오르지 못할 산은 없다.'라는 강영우 박사님의 고백처럼 비전을 향하여 산을 오르게 될 것입니다. 오르는 동안 비전이란 무엇인지를 배우고, 내 인생의 설계도를 그립니다. 나의 비전에 따른 사명선언문도 만들고 내가 고백한 대로 살아갈 수 있도록 격려하며 기도하는 시간도 있습니다.

　내 인생의 설계도를 주님 앞에 펼쳐놓고 '예수님이라면 어떻게 하셨을까?'를 고민하면서 나의 인생 설계도를 리모델링을 하고, 국내 성지순례 여행을 통해 주님의 비전을 함께 나누었던 순교자들의 발자취를 돌아보는 것으로 1부를 마치게 됩니다.

　2부에서는 비전을 이루는 과정 속에서 만나는 장애물을 뛰어넘게 하고, 비전을 이루어 가는 동안 갖게 되는 인생의 소중한 사람들을 생각하게 합니다. '인생극장'이라는 시간을 통해 성인이 되어 꿈을 이룬 후 만나게 되는 과정을 드라마 형식으로 기획하여 공연합니다. '나도 있어서 주인공'이라는 사실을 생각하게 되고, '내 마음 그리스도의 집'이라는 활동으로 비전학교를 마치게 됩니다.

　인생레슨을 통해 새롭게 태어날 그들을 꿈꾸어 봅니다. 비전학교에서 선포되는 하나님의 말씀과 인생레슨을 통해 삶을 위기를 극복하는 다음 세대가 하나님께서 사용하시기에 좋은 사람으로 준비되어 세상에 맑은 물을 공급할 수 있기를 기대합니다. 또한, 지도자로서 자녀들에게 어떻게 살아가는 것이 바르게 사는 것인지 보여줄 수 있는 인생의 모델이 되기를 축복합니다.

꼭 읽어봐야 할 매뉴얼 3

왕초보, 세상을 날다.

목회자 자녀 신앙수련 및 스키캠프가 대명 비발디 파크에서 있었습니다. 스키캠프를 한다고 하니 화려한 스키복에 하얀 눈보라를 일으키며 멋진 자세와 함께 힘차게 내려오는 꿈을 꾸었지만, 현실은 스키를 신는 법과 넘어졌을 때 일어나는 법 등 기초를 배우는 왕초보 코스에서 이틀간 연습을 하였습니다. 연습하는 동안 힘들어하는 아이들도 있었지만 새로운 것을 배운다는 기대가 있어 대부분은 잘 참고 잘 견뎠습니다.

셋째 날 개인별 테스트에 통과한 이들은 리프트를 타고 초보코스에 올랐습니다. 그리고 그동안 배웠던 것이 헛되지 않았다는 것을 보여주었습니다. 내려오면서 신나 합니다. 웃음소리가 납니다. 누가 말하지도 않았는데도 혼자 또 리프트를 타고 올라갑니다. 그리고 세상을 다 얻은 사람처럼 멋지게 내려옵니다. 연습할 때는 그렇게 힘들어하더니 이제는 기분이 좋아진 모양입니다. 누구나 처음부터 잘 할 수 없고, 처음부터 멋지게 내려올 수는 없지만, 연습을 통해 그들은 처음과 다른 아이가 되었습니다. 자신감도 생겼습니다. 넘어졌다가도 다음에는 넘어지지 않고 내려오려고 애를 씁니다.

이들 중 누군가는 곧 중급에서 타는 아이들이 생길 것입니다. 어쩌면 겁 없이 상급에 도전하는 아이들도 있을 수 있습니다.

시작하지 않았다면 생각해보지 못했을 일을 시작하고 나니 더 큰 목표가 생깁니다. 꿈만 꾸고 시작해보지 못했던 것들이 있습니까?

시작해보세요. 처음은 초라해도 곧 더 멋진 목표를 보게 됩니다.

왕초보, 세상을 날기 위해 준비해 주세요.

1) 자신의 비전파일을 만드십시오. 나의 비전파일에 매주 나의 비전이 담기게 됩니다.

2) 나의 비전과 관계된 책을 읽고 자료를 모으십시오.

3) 자신의 비전과 관계된 인물이나, 사건, 기사들을 스크랩하십시오.

4) 비전과 관계된 책을 읽고 깨달은 내용을 페이스 북이나, 카카오스토리를 통해 나누십시오.

5) 매주 배운 내용 중 가장 감명 깊었던 내용을 그림이나 한 줄 문장으로 표시하십시오.

6) 조별로 팀 이름을 정할 때에는 비전과 관계된 책의 제목으로 팀 이름을 정하십시오.
'우리가 오르지 못할 산은 없다.' '발로 쓴 내 인생의 악보' '나는 하나님의 가능성이다'

7) 비전을 위해 기도시간을 내십시오. '기도하는 사람이 세상을 움직입니다.'

꼭 읽어봐야 할 매뉴얼 4

즐거운 일 나중에 하기

호아킴 데 포사다와 엘런 싱어가 쓴 '마시멜로 이야기'에 스탠퍼드대에서 진행한 실험에 대한 이야기가 나옵니다.

네 살짜리 아이들에게 달콤한 마시멜로를 접시에 담아주고 만약 15분 후까지 마시멜로를 먹지 않고 참으면 상으로 마시멜로 한 개를 더 주겠다고 약속했습니다.

그 결과 15분을 참아 마시멜로를 하나 더 받은 아이들과 먹어치운 아이들로 양분되었습니다. 연구진은 그 아이들을 추적 조사해보니 15분을 참았던 아이들은 학업성적이 뛰어나고 스트레스도 효과적으로 관리하고 있었다고 합니다. 더 큰 만족과 보상을 위해 당장의 욕구충족을 미룰 줄 아는 의지가 성공을 견인하는 강력한 지표가 된다는 것입니다. 이것을 만족 유예의 법익이라 부르며 '즐거운 일 나중에 하기'입니다(마시멜로이야기).

이제 곧 우리 아이들에게 비전학교가 시작됩니다. 좋은 학교에 진학하기 위해서 성적을 관리해야 하는 이들에게는 보통 힘들고 어려운 일이 아닐 것입니다. 내일의 즐거움을 위해 오늘을 참고 인내하려고 애쓰는 아이들이 대견스럽습니다. 때론 마음과 다르게 잠시 누리는 달콤함에 빠져 미래를 잠시 잊어버릴 때도 있지만, 다시 마음을 가다듬고 '즐거운 일 나중에 하기'에 동참하는 결단 있는 자녀들의 모습을 기대해봅니다.

우리의 자녀들에게 있어 지금은 누리고, 만족하고, 자랑하는 시간이 되어서는 안 됩니다. 미래를 위해 크게 절제하고 인내하며 눈물을 흘리며 씨를 뿌려야 하는 시기입니다. 우리 모두에게 주어질 승리의 삶을 위해 오늘의 유혹을 참고, 미래에 주어질 영광을 바라보며 오늘을 절제하고 인내하는 '즐거운 일 나중에 하기'의 삶에 동참하지 않으시겠습니까?

비전학교를 위해 즐거운 일 나중에 하기에 동참하십시오.

1) 아침의 첫 번째 시간을 말씀 묵상으로 시작하십시오.

2) 아침의 첫 번째 언어가 주님을 찬양하는 언어가 되게 하십시오.

3) 새로운 것을 얻으려면 버려야 할 것도 있다는 것을 기억하십시오.

4) 시작했으니 처음부터 마지막까지 빠지지 않겠다고 결심하십시오.

5) 눈은 번쩍, 귀는 쫑긋 세우고 온 우주 만물을 통해 내게 말씀하시는 하나님에게 귀 기울이십시오.

차 례

1주 　비전학교 개강 · 18
　　　1. 주제관련 동영상 상영
　　　2. 사진 컨테스트
　　　3. 건축물 만들기
　　　4. 부모님과 함께 하는 자녀들을 위한 기도회

2주 　우리가 오르지 못할 산은 없다 · 31
　　　1. 상 얻도록 달음질하라
　　　2. 신앙과 마라톤
　　　3. 마음을 열어주는 신앙공동체 훈련
　　　4. '우리가 오르지 못할 산은 없다.'

3주 　비전이란 무엇인가? · 47
　　　1. 특별한 만남
　　　2. 비전특강
　　　3. 내 인생의 설계도 그리기

4주 나는 누구인가? · 68
   1. 자신감 충전
   2. 사명선언문 만들기
   3. 시와 작은 음악회

5주 중단해서는 알 될 일 · 85
   1. 우리의 몸을 깨우는 공동체 활동
   2. 인생을 다섯 글자로 말하기
   3. 중단해서는 안 될 일

6주 설계도 리모델링 · 102
   1. 설계도 리모델링이란?
   2. 나의 멘토 예수님
   3. '예수님이라면 어떻게 하셨을까?'

7주 성공자의 성품만들기 · 116
   1. 이 마음을 품을 수 있나요?
   2. 성공자의 성품 프로젝트
   3. 성공하는 리더의 9가지 성품

8주 비전을 찾아 떠나는 성지 순례여행 · 127
    1. 양화진 외국인 묘지
    2. 한국 기독교 순교자 기념관, 소래 교회
    3. 제암교회
    4. 한국 기독교 역사박물관

9주 장애물을 뛰어넘기 · 132
    1. 비전특강 - 이런 함정을 조심하라
    2. 유혹을 피하라
    3. 위기관리에 성공한 사람 & 실패한 사람

10주 내 인생에 소중한 사람들 · 139
    1. 짧은 비전특강
    2. 넌 누구니?
    3. 내가 만나고 싶은 사람들

11주 인생극장 · 145
    1. 인생극장 기획하기
    2. 인생극장 공연하기
    3. 비전칼럼 '나도 내 인생의 주인공'

12주 역경을 극복한 사람들 · 155
   1. 발로 쓴 내 인생의 악보 - 레나 마리아
   2. '닉부이치치의 허그' 동영상 함께 보기
   3. 역경의 열매

13주 이보다 더 좋을 수 있을까? · 161
   1. 행운의 금메달
   2. 값지게 하시었네
   3. 결단하는 공동체

14주 내 마음 그리스도의 집 '일일캠프' · 167
   1. 묵상
   2. Back to the Bible
   3. 명의 이전

15주 비전학교 수료식 · 187
   1. 나에게 보내는 사랑의 메일
   2. 비전 말씀 '서두르지 마세요.'
   3. 감사파티

1주. 비전학교 개강

1. 주제관련 동영상 상영

1) 준비
   ① 노트북, 빔프로젝터, 내 마음 그리스도의 집(동영상) 조코재미(http://www.cemcem.com)에서 구입할 수 있다.
   ② '내 마음 그리스도의 집'의 저자는 로버트 멍어 이다. 동영상으로 나온 자료가 있는데 구입해 사용한다.
   ③ 내 마음 그리스도인의 집은 비전학교의 부주제이다.
   ④ 주제와 연관된 영화나 동영상을 준비해 함께 봄으로써 비전학교 대한 기대감을 갖게 한다.

2) 진행하기
   ① 극장에서 영화 보는 것 같은 분위기를 만들어 준다.
   ② 간식으로 팝콘과 콜라도 준비하고, 오징어도 있으면 아이들이 좋아한다.
   ③ 책을 읽지 않아도 동영상을 보면서 내용을 알 수 있고, 비전학교의 방향에 대해 알 기회가 된다.

2. 사진 컨테스트

1) 준비
　① 세계 최고의 건축물 사진
　　(인터넷에서 다운 받거나, 책에 있는 사진을 사용한다.)
　② 내가 아는 최고의 건축물이나 작품을 찍은 사진
　③ 학생들이 출품한 사진을 A4 용지에 붙여 전시한다.
　④ 스티커

2) 진행하기
　① 학생들이 개인적으로 이 세상에서 가장 아름답고, 멋지다고 생각하는 건축물을 사진으로 찍어 현상해 오거나 칼라 프린트를 이용해 가져온다.
　② 제출한 작품에는 왜 세상에서 가장 아름다운지 그 이유를 기록하게 한다.
　③ 학생들이 가지고 온 사진을 예배실 벽면에 '아름다운 건축물'이란 제목으로 전시한다.
　④ 학생들에게 스티커를 5장씩 나누어 준 후 돌아다니면서 최고의 건축물이라고 생각되는 곳에 붙이도록 한다.
　⑤ 학생들의 적극적인 참여를 유도하고 서로의 다른 생각들을 발견하는 기회로 삼는다.

3) 진행코멘트
　① 카메라를 들고 사진 찍는 날을 정한다.
　② 디지털카메라와 자동카메라, 일회용 카메라 등 모두가 참여할 수 있도록 준비해 오도록 한다.

③ 미술관이나 박물관, 공원 등 적절한 장소를 선정하여 최고의 작품인 우리들의 아름다운 모습을 찍는다.
④ 사진 인화는 다녀온 즉시 현상하여 당일 작품을 준비하고, 혹시 준비가 안 되면 주일 전까지는 현상을 마쳐야 한다..
⑤ 사진을 전시한 후 그 밑에 재미있고 멋진 이름을 붙여보자.

3. 건축물 만들기

1) 준비
① 우유팩, 요구르트병, 아이스크림 막대, 나무젓가락, 스파게티, 국수 등.
② 접착제, 칼, 글루건 등.

2) 진행하기
① 손쉽게 구할 수 있고, 저렴한 재료들을 구해 미리 정해진 조별로 상상력과 창의력을 발휘해 여러 가지 건축물을 만들어 본다.
(예를 들면 다리, 빌딩, 자동차, 집 등이다.)

② 미리 수련회 조를 정해서 진행하기 때문에 서로에 대한 어색함을 없앨 수 있고, 협동심을 고취시킬 수 있다.

3) 진행코멘트
① 중학생과 고등학생은 진행하는 차이가 있다.

② 조별로 멋지게 만든 작품을 모두 앞에서 평가한 후 게임을 통해 한 사람에게 주어 이번 비전학교에 꼭 초청하고 싶은 친구에게 편지와 함께 선물로 전달한다.

4. 부모님과 함께 하는 자녀들을 위한 기도회

교회에서 비전학교를 홍보하기 위해 '가정통신문'이나 '수련회 계획서'와 같은 안내문을 만들어 부모님의 허락을 받아오도록 하는 경우가 대부분이다. 경우에 따라서는 전화로 부모님을 설득시키기도 한다.

우리가 놓치는 것 중 한 가지는 부모님도 비전학교에 대해서 알 권리가 있다는 것이다. 그냥 좋으니까 보내달라고 보채기보다는 부모님을 초청하여 함께 하는 시간을 가지면서 기도회로 연결한다면 탁월한 홍보와 준비가 될 것이다.

1) 준비

① 학생들로 하여금 부모님을 초청하여 보여드릴 수 있는 찬

양, 워십, 기도문, 우리들의 각오 등을 준비하게 한다.
② 비전학교 관련 동영상 자료와 그동안 준비해 온 과정을 자료로 준비한다.
③ 부모님과 함께 할 수 있는 공동체 활동과 말씀을 준비한다.

2) 진행하기
① 비전학교 전 학생예배를 통해 부모를 초청할 수 있도록 한다.
② 준비된 비전학교 자료와 학생들의 장기를 공연한다.
③ 부모님과 자녀를 함께 소개하는 시간을 갖는다. 그리고 함께 앉아서 예배드리고 프로그램을 진행한다.
④ 부모님이 출석하지 못하는 자녀들을 위해 교회 집사님을 통해 기도의 자녀로 연결해 주어 본 예배에 참여시키도록 한다. (수고가 있어야 열매가 있음을 기억하자)
⑤ 예배를 마친 후 부모님과 함께 하는 공동체 훈련을 진행한다.
⑥ 공동체 프로그램이 자연스럽게 기도회와 연결되도록 한다.

3) 부모님과 함께하는 공동체 프로그램
부모님과 한팀이 되어 활동하는 프로그램이다. 팀을 나누어 진행할 때는 비전학교에서 진행할 조 편성을 중심으로 팀을 나누어도 좋겠다.

(1) 소경과 벙어리
① 팀을 나누어 진행한다.
② 자녀는 소경이 되고, 부모님은 벙어리가 된다
③ 소경의 눈은 안대로 가리고, 벙어리는 소경을 업는다.
④ 소경과 벙어리는 손짓, 몸짓으로 의사전달을 하면서 목적

지인 반환점을 돌아온다.
⑤ 돌아오면 역할을 바꿔 진행한다.
⑥ 소경과 벙어리가 협력하여 목적을 잘 달성했듯이 부모님과 자녀가 조화를 이루어 아름다운 인생의 길을 걸어가는 동안 조언자로 섬기는 자로 살아갈 것을 약속한다.

(2) 최고의 보디가드
① 팀을 나누어 진행한다.
② 최고의 보디가드는 '피구게임'을 응용한 프로그램이다.
③ A팀은 큰 원을 만들어 밖에서고, B팀은 원안에 들어간다.
④ A팀은 원 안에 들어 있는 사람에게 공을 던져 맞춰야 한다.
⑤ 원 안에 들어간 B팀은 부모와 자녀가 한 파트너가 되어 선다. 부모가 자녀를 보호하는 것이다.
⑥ 공을 던졌을 때 부모는 온몸으로 공을 막아 자녀를 보호해야 하고, 자녀는 부모와 함께 다녀야 한다. 부모가 자녀들의 보디가드가 되는 것이다.
⑦ 부모는 공에 맞아도 죽지 않지만, 자녀가 공에 맞으면 둘 다 밖으로 나와야 한다.
⑧ 일정한 시간을 정하여 진행한 후, 부모와 자녀의 역할을 바꾸어 진행한다.
⑨ 활동이 끝나면 코멘트 한다.

"부모님이 자녀를 보호하려고 하지만 온전히 보호해 줄 수 없습니다. 나의 한계를 벗어나게 되면 도와줄 수 없기 때문이지요. 혹시 도울 수 있다 할지라도 내 힘이 미치지 못하는 것은 도와줄 수 없습니다. 그래서 하나님이 도와주셔야 합니다. 하나님은 최고의 보디가드가 되시기 때문입니다.

   자녀들도 마찬가지입니다. 언제까지나 부모님이 여러분에게 필요한 것 공급해 줄 수 없습니다. 여러분이 성장하여 부모님께 도움을 드려야 할 때가 올 것입니다. 그러나 기억할 것은 내가 돕는 것이 아니라 하나님께서 여러분에게 감당할 수 있는 힘을 공급해 주시는 것입니다."

(3) 부모님과 함께
① 팀을 나누어 전체가 동시에 진행한다. (A, B팀으로 나눈다.)
② 각 팀은 자녀와 부모와 한 조가 된다. 팀별로 각 조원들은 원형으로 앉는다.
③ 앉은 순서대로 번호를 정한다. 한 조가 하나의 번호를 갖는다. (예: 재학이와 부모님은 1번).
④ 사회자는 각 팀의 조별 번호를 한 번씩 불러 준비되었는지 확인한다.
⑤ 사회자는 침묵을 지키다가 번호를 부른다. '1번'
⑥ 번호를 부르면 팀 '1번'에 해당하는 조는 일어나서 손을 잡고 자기 팀을 한 바퀴 돌 자리에 앉는다. 가장 빨리 앉은 팀의 조가 승리
⑦ 같은 형식으로 모든 번호를 진행한다.
⑧ 사회자는 번호를 순서대로 부르지 말고 자유롭게 선택한다. 게임의 긴장을 늦추지 않도록 하기 위해서 한 번 불렀던 번호를 다시 불러도 된다.
⑨ 부모와 자녀가 하나 될 수 있는 공동체 활동이다.

(4) 스피드 or 행동퀴즈
① 팀을 두 팀으로 나눈다.
② 각 팀의 조원은 부모와 자녀가 한 조원이 된다.
③ 사람들이 많으면 성의 가나다순으로 5조를 선정한다.
④ 부모가 해당하는 문제를 자녀들에게 설명한다.
(스피드퀴즈) 자녀는 그 설명을 듣고 답을 맞추어야 한다.
⑤ 이번에는 자녀가 부모님께 문제를 설명한다.
이때 말을 절대로 해서는 안 된다. 무조건 행동으로 부모님께 설명을 해야 한다. 역시 문제는 10문제로 한다.
⑥ 이 프로그램은 부모들과 자녀들 간에 대화가 많이 단절되어 있는 이 시점에서 부모와 자녀들의 마음을 열어주고 닫혀있던 생각들을 새롭게 하는 시간으로 삼는다.

(5) 소개하기
① 부모와 자녀가 함께하는 예배가 처음이면 소개하기를 해도 좋다.
② 소개하기를 할 때 부모와 자녀가 함께 일어나 이렇게 소개한다.
③ 부모는 "저는 너무 잘 생기고 착한 ○○○의 엄마입니다."
④ 자녀는 "저는 너무 자상하시고 사랑이 많은 ○○○의 아들 (딸) ○○○입니다."
⑤ 많은 사람 앞에서 자신의 부모와 자녀를 자랑하고 소개하는 시간이다.

부모와 함께 하는 자녀들을 위한 기도회

설교자료 1

제목 : 나의 사랑, 나의 택한 자녀야
본문 : 이사야 44:1~2

어머니라는 말 속에는 신비한 힘이 있습니다. 이것을 세상 사람들은 모성애라고 합니다. 그런데 모성애 앞에 붙이는 말이 있는데 '끈질긴'이란 단어입니다. 끈질긴 모성애.

어머니도 아가씨 시절이 있었을 텐데 아가씨 때에는 작은 것에도 부끄러워하고 무서움도 많았을 것입니다.

그런데 어머니가 되면 이상한 힘이 납니다. 바퀴벌레를 만나도 하나도 안 무서워합니다. 자녀를 위해서라면 무엇이든지 할 수 있는 힘. 이것이 모성애라 생각됩니다.

1. 하나님께서는 사랑스러운 목소리로 우리를 불러 주셨습니다.

부모님들은 자녀들을 어떻게 부르십니까? 한 번 불러보시기 바랍니다. 본문 1절을 읽어보면 "나의 종 야곱, 나의 택한 이스라엘아" 하고 부르셨습니다. 우리도 자녀들을 이름만 부르지 마시고, 자녀의 이름 앞에 멋지고 예쁜 형용사를 넣어서 불렀으면 좋겠습니다.

예를 들면 이런 것이지요. '나의 사랑 준호야' 이렇게 자녀들의 이름을 한번 불러보지 않으시겠습니까?

2. 하나님께서는 우리를 어떻게 부르셨을까요?

'내가 붙드는 나의 종, 내 마음에 기뻐하는 나의 택한 사람아'(사 42:1), '야곱아 나는 너를 창조한 여호와다'(사 43:1), '내가 너를 보배롭고, 존귀하게 여기고, 너를 사랑하였은즉'(사 43:4), '내가 너를 지었으니 너는 내 종이라, 이스라엘아 너는 나의 잊음이 되지 아니하리라'(사 44:21), '내가 나의 종 야곱, 나의 택한 이스라엘을 위하여 너를 지명하여 불렀나니 너는 나를 알지 못하였을찌라도 나는 네게 칭호를 주었노라.'(사45:4), '나는 여호와 보시기에 존귀한 자라 나의 하나님이 나의 힘이 되셨도다'(사 49:5)

3. 하나님이 우리를 얼마나 사랑하셨으면 그렇게 부르셨을까요?

너는 나의 기뻐하는 자다. 나의 보배롭고 존귀한자다. 너는 내게 사랑받는 자다. 너는 나의 잊음이 되지 않는 자다. 자녀들이 하나님께서 나를 이렇게 사랑하고 계신 것을 알고 있을까요? 부모님은 하나님께서 우리 자녀들을 이렇게 사랑하고 계시다는 것을 알고 있나요? 귀한 것은 귀하게 다루게 됩니다. 부족하고 모자람이 있어도 하나님 앞에 얼마나 존귀한 자인지 모릅니다.

무엇인가 잘해야지만 사랑받는다면 살아가는 것이 얼마나 힘들까요? 사람들로부터 인정받아야만 부모님께 사랑받는다면 얼마나 힘들까요? 그리하지 않아도 우리는 존귀한 자가 아닙니까? 우리는 하나님과 너무 다른 기준을 가지고 있습니다.

이스라엘 백성들이 하나님 앞에 거룩하고 순결하게 살아서 '나의 사랑, 나의 기뻐하는 자'라고 말씀하지 않으셨습니다. 이스라엘 백성들은 하나님 앞에 늘 부끄러운 자였지만 하나님께서 은혜를 베풀어 주신 것입니다.

우리 자녀들을 이렇게 불러보겠습니다. 따라 해주세요.

'나의 기뻐하는 아들아, 나의 사랑스러운 딸아(이름을 불러주세요.), 너는 나의 기쁨이다. 너는 나의 사랑이다. 너는 나의 잊음이 되지 않는 자다. 잘해야지만 사랑받는 것 아니다. 뛰어나야지 만 사랑받는 것이 아니다. 그리하지 못해도 나는 너를 사랑한다. 그 사랑의 힘으로 멋지게 살아다오. 하나님 앞에 자신감 있게 살아다오' 2절을 읽어보겠습니다. "너를 지으며, 너를 모태에서 조성하고, 너를 도와줄 여호와가 말하노라 나의 종 야곱, 나의 택한 여수룬아 두려워말라"

신혼 초 아내와 나눈 이야기가 있습니다. 우리는 아직 젊고 해야 할 일도 많으니 2, 3년 후쯤에 자녀를 낳읍시다. 시간이 흘러 2년이 지나고 3년이 되어 가는데 자녀가 생기지 않습니다. 초조해지기 시작했습니다. 어느 가정은 계획하지도 않았는데 한 명 낳고, 또 낳고 했습니다. 그때 깨달았습니다. 내가 낳고 싶다고 자녀를 낳는 것이 아니었습니다. 하나님이 보내주셔야 낳을 수 있다는 사실입니다.

본문에서 이렇게 말씀하고 있습니다.

"너를 지으며, 너를 모태에서 조성하고" 내가 낳은 것 아닙니다. 하나님이 지었다고 하십니다. 하나님이 모태에서부터 어떤 기가 막힌 아이로 조성하셨다고 말씀하고 있습니다. 하나님이 지으신 것입니다. 나는 그저 그 아이가 이 땅에 살아갈 수 있도록 도와주는 통로 역할을 하는 것이었습니다. 나를 지으시고 조성하신 하나님께서 말씀하십니다. "너를 도와줄 여호와가 말하노라.'

하나님은 나를 도와주시는 분이시라는 것입니다. 내가 산을 향하여 눈을 들리라 나의 도움이 어디서 올꼬 천지 지으신 여호와 나의 왕이여 영원무궁히 지키시리로다" 하나님만이 도움자 되십니다.

4. 자녀들을 위해 기도하십니까?

기도는 네 마음을 주의 얼굴 앞에 물 쏟듯 쏟아 놓는 것입니다.

"네 마음을 주의 얼굴 앞에 물 쏟듯 할지어다. 각 길 머리에서 주려 혼미한 네 어린 자녀의 생명을 위하여 주를 향하여 손을 들지어다"(애 2:19)

대부분의 부모님들은 자녀들에 대해 대단한 각오를 하면서 살아갑니다. 내 뼈가 빠져도 좋으니 자녀들에게는 좋은 것을 공급해주마. 너를 슬프게 하지 않을 거다. 두려워하며 걱정할 일 있으면 너는 가만히 있어라. 걱정거리 있으면 내가 연구하고 내가 찾아가보고 노력해서 도와주겠다는 정신으로 살아갑니다.

그러나 우리가 잊어버리는 것이 있습니다. 나의 눈이 미치지 못하는 곳에서도 내가 자녀들을 도울 수 있는가? 나의 통제가 미치지 못하는 곳에서도 내가 손 쓸 수 있는가? 없습니다. 그래서 하나님께서 말씀하십니다. 그 아이를 내게로 인도하라는 것입니다.

하나님은 토기장이이시고 우리는 진흙에 불과합니다. 우리는 흙입니다. 흙은 혼자서 아무것도 할 수가 없습니다. 주님께서 생기를 불어 넣어 주셔야만 합니다. 주님이 말씀하십니다. '너에게 생기를 불어 넣어 주려고 한다. 이제는 내 손에 그 아이를 다오. 내 창조주의 손에 올려다오. 내가 생기를 불러 넣어주겠다. 네 손에서 키우면 너 수준밖에 더 되겠느냐?' 우리는 자녀들을 주님 손에 올려 드려야 합니다..

부모가 흙처럼 아무 능력도 없고 뒷바라지 못할 때도, 하나님께서 어떻게 뒷바라지하시고 인도하시는지 자녀들로 알게 해야 합니다. 하나님이 자녀를 책임져 주심을 의심하지 말아야 합니다. 우리는 부모로서 기도하는 삶을 살아야 합니다..

기도하면 하나님께서 자녀들을 만들어 가십니다. 우리를 창조하신 하나님께서 보시기에 좋았더라고 말씀하신 하나님께서 한 영혼 한 영혼을 만들어 가십니다. 성경의 인물들을 보십시오.

야곱이 요셉을 만들었다면 집에서 아버지의 사랑받는 자녀로 끝났을 것입니다. 야곱의 힘으로 요셉을 총리대신으로 만들 수 있었겠습니까? 성경의 인물들은 하나님이 만들어 가신 작품들입니다.

우리 자녀들도 그렇게 될 수 있습니다.

5. 우리 자녀들을 위해서 기도합니다. (중보기도)

자녀의 이름을 불러가며 기도합시다. 혹시 열등감과 좌절감 때문에 낙심한 자녀가 있다면 그 자녀를 창조주의 손에 올려 드려야 합니다.

"하나님! 이 자녀를 창조주의 손에 올려 드립니다. 주님이 빚어 주시기 바랍니다. 내 자녀가 아니라 하나님의 사람으로 자랄 수 있도록 도와주시길 원합니다. 내가 빚어 보려고 애를 썼습니다. 내가 기도하며 돌보려고 애를 썼습니다. 그러나 저를 돌아보면 나 하나도 정상적으로 살기 어려운 사람입니다. 어쩌자고 저 같은 인생에게 그 생명을 맡기셨습니까? 주님은 실수가 없으신 분이기에 감당할 힘주실 줄 믿습니다. 친히 빚으시고, 당신의 형상대로 빚으시고 거룩한 생기를 불어넣어 주시옵소서. 우리 자녀가 부활의 능력으로 가문과 상관없이 내가 잘못 만드는 그 부분까지도 부활의 능력으로 살아나게 하시옵소서. 예수님의 이름으로 기도드립니다. 아멘"

2주. 우리가 오르지 못할 산은 없다

1. 상 얻도록 달음질 하라

(1) 준비
① 여는 예배는 전체가 함께 드리지만, 조별로 앉아 진행한다.
② 조별로 활동할 수 있도록 A4용지를 1장씩 나누어 준다.
③ 발표한 내용을 기록할 수 있는 칠판을 준비한다.
④ 칠판 사용이 어려울 경우는 프로젝터나 OHP 필름 위에 발표자들의 내용을 기록하여 전체가 보도록 한다.
(프로젝트가 있는 교회는 이것을 사용한다.)

(2) 조별활동
① 사회자의 지시를 따라 마라톤에 필요한 도구들이 무엇이 있는지 기록하게 한다.
② 마라톤을 신앙생활에 비유한다면 어떤 닮은꼴이 있는지 비교해 보도록 한다.
③ 조별로 발표하고, 발표된 내용을 칠판에 기록한다.

(3) 말씀

① 고린도전서 9장 24~27절을 함께 읽는다.

"운동장에 달음질하는 자들이 다 달아날지라도 오직 상 얻는 자는 하나인 줄을 너희가 알지 못하느냐 너희도 얻도록 이와같이 달음질하라. 이기기를 다투는 자마다 모든 일에 전제하나니 저희는 썩을 면류관을 얻고자 하되 우리는 썩지 아니할 것을 얻고자 하노라. 그러므로 내가 달음질하기를 향방 없는 것 같이 아니하고 싸우기를 허공을 치는 것 같이 아니하여 내가 내 몸을 쳐 복종하게 함은 내가 남에게 전파한 후에 자기가 도리어 버림이 될까 두려워함이로라"

② 경기하는 자의 자세와 신앙을 비유하여 말씀을 전한다. 학생들이 발표한 내용을 중간 중간 점검하면서 설교한다.

③ 다음에 소개한 '마라톤과 신앙'은 마라톤을 시작하면서 깨달은 내용을 기록한 글이다. 캠프 리더의 상황에 따라 적절하게 활용할 수 있도록 그 느낌을 그대로 기록해 놓았다.

2. 마라톤과 신앙

요즘 저는 곧 있을 하프마라톤 대회 출전을 위해 열심히 준비하고 있습니다. 부족하기 짝이 없지만 나름대로 열심히 준비하였습니다. 제가 하프마라톤에 성공하면 '마라톤과 신앙'이라는 제목으로 설교하려고 마음먹었습니다. 연습하면서 느끼는 것이 많았기 때문입니다.

마라톤과 신앙 1
처음에는 10분도 뛰기 힘들었는데 요즘은 매일 30분씩 뛰고 있습니다.
1단계 목표는 한 시간 뛰는 것입니다. 자신은 없지만 열심히 하고 있죠. 분명한 건, 시간은 걸리지만 조금씩 늘고 있다는 것입니다.
신앙도 그렇습니다. 처음에는 10분도 벅차지만 자꾸 할수록 조금씩 늡니다. 기도시간이 늘어나고, 성경 읽는 시간도 늘어나고, 예배드리는 시간도 늘어납니다.

마라톤과 신앙 2
열심히 뛰고 있다가도 힘들어서 쉬면 시간도 멈추고 달리던 거리도 멈추더군요. 그때 깨달았지요. 아~달리지 않으면 모든 것이 멈추는 거구나. 가만히 있으면 성장하는 게 아니고 달려야 성장한다는 것을 알았습니다. 그만큼 대가를 지불해야 된다는 것이겠지요. 저의 신앙이 멈추지 않기 위해서는 매일 꾸준히 해야겠다고 결심했습니다.

마라톤과 신앙 3
달리는 것은 힘들지만, 결승점이 있다는 것이지요. 결승점을 보면서 달리기도 하고, 걷기도 하고, 쉬기도 하지만 결승점을 향해서 달려가고 있습니다. 우리 신앙도 결승점이 있는데 그날을 기대하면서 최선을 다해야겠다는 생각을 했습니다.

마라톤과 신앙 4

매일 30분씩 뛰다가 옆에 누가 같이 뛰는데 그날은 45분을 뛰었습니다. 저 스스로도 놀랐습니다. '아~ 옆에 누군가 같이 있으면 더 잘할 수 있구나' 하는 생각을 했습니다.

고난도 혼자가 아니라 누군가 함께 한다면 더 잘 이겨낼 수 있다는 확신이 듭니다. 신앙생활도 힘들 때가 있지만, 옆에 좋은 동역자가 있다면 얼마나 좋을까 생각하면서 제가 여러분들의 좋은 동역자, 함께 뛰는 파트너가 되었으면 좋겠다고 생각했습니다.

마라톤과 신앙 5

헬스장에서 혼자 러닝머신으로 뛰니 지루하더라고요. 그래서 뛰면서 기도했습니다. 숨차기는 하지만 좋았습니다. 그럴 때마다 '조금만 더해야지, 조금만 더해야지.' 하는 욕심이 생기기도 했습니다. '거룩한 생활에도 조금만 더해야지 하는 욕심이 일어났으면' 하고 생각했답니다.

마라톤과 신앙 6

어느 날은 20일간 쉬었다가 다시 뛰려고 올라갔습니다. 무척 힘들었습니다. 다시 원점으로 돌아간 느낌이 듭니다. 회복도 빨리 되지 않았습니다.

우리의 신앙도 쉬었다가 다시 시작하게 되면 그때 그 신앙이 바로 살아나는 것이 아닙니다. 퇴보하게 되는 거죠. 물론 시간이 지나면 회복이 되겠지요.

다시 시작하는 순간은 열심을 내었던 지난날의 시간부터 출발하는 것이 아니라, 회복의 시간을 통해서 다시 시작 합니다. 그러니 쉬거나, 퇴보하지 말자구요.^^*

마라톤과 신앙 7

운동연습을 하는 사람 중에는 젊은 사람도 있고, 연세 높으신 어르신들도 있습니다. 뚱뚱한 사람도 있고, 빼빼 마른 사람도 있습니다. 그런데 어르신들이 하시는 말이 있었습니다.

"뭐든지 젊었을 때 해야 해. 나이를 먹으니 힘들어서 뜻대로 되질 않아~~."
그렇습니다. 젊을 때 해야 힘도 있습니다. 더 오래 할 수 있습니다. 나이가 들면 하고 싶어도 할 수가 없습니다. 신앙생활도 젊을 때 힘 다해서 해야 합니다. 조금이라도 젊었을 때 노력하고, 애쓰고, 도전합시다.

마라톤과 신앙 8

오늘 중요한 사실을 알았습니다. 하프마라톤 하는데 제한시간은 3시간이라고 합니다. 3시간 안에 들어온 사람은 기록에 올라가지만, 그 뒤에 들어오는 사람은 운영위원에서 준비한 차를 타고 들어온다고 합니다. 그 말을 듣는데 이런 생각이 났습니다. 일단 시작해서 포기하지 않으면 차를 태워서라도 데려다 준다는 것 알았지요. 물론 그러기 전에 결승점에 들어와야겠지만 먼저 들어온 사람은 쉬겠네요. 전 제가 잘할 수 있을까 걱정입니다.

그러고 보니 마라톤과 신앙은 참 닮은 것이 많은 것 같습니다. 하나님께서 우리에게 인생이라는 선물을 주셨습니다. 마라톤을 하는 마음으로 정해진 그 길을 걸어가려고 합니다.

주님과 함께 달려가면서, 매일 조금씩 신앙과 삶의 질이 늘어나고, 힘들어 잠깐 쉬기는 해도 포기하지 않고 다시 일어나 달려가는 그러한 사람이 되고 싶습니다. 여러분도 그렇게 되고 싶지 않습니까?

캠프를 통해 그 비결을 배우시고, 하나님께서 내 인생에 펼쳐주신 설계도를 손에 쥐고 열심히 완성해 가는 시간이 되기를 바랍니다.

3. 마음을 열어주는 신앙공동체 훈련

1) 가위바위보 게임

(1) 칭찬하기
① 전체 일어서서 자유대형으로 진행한다.
② 둘씩 마주 보고 가위 바위 보로 승부를 낸다.
③ 왼손으로 악수한 상태에서 이긴 사람이 진 사람의 손등을 때리는 동안, 진 사람은 이긴 사람을 3가지 칭찬한다.
④ 이때 진 사람의 칭찬이, 칭찬이 아니고 단점이라 생각된다면 칭찬할 때까지 손등을 때린다.
⑤ 돌아다니며 다른 파트너를 만나 같은 형식으로 진행한다.
⑥ 파트너를 만나려고 돌아다닐 때는 같은 방향으로 움직이지 않고 자유롭게 돌아다닌다.
⑦ 음악을 틀어주다가 음악이 멈추면 파트너를 만난다.

진행코멘트
① 진 사람만 칭찬하는 것이 아니라 가끔은 이긴 사람이 칭찬하고, 진 사람이 이긴 사람의 손등을 때리도록 한다.
② 파트너가 바뀔 때 칭찬하기만 진행하지 말고 '축복의 말 한 마디하기', '파트너를 위해 노래 불러주기' 등 다양한 제목으로 활동할 수 있다.
③ 같은 형식으로 진행하면서 진실게임을 할 수 있다. 이긴 사람이 진 사람에게 궁금한 것 한 가지씩 물어보고, 진 사람은 솔직하게 대답해야 한다.. 혹시 대답하지 못할 내용이라면 두 손을 높이 들고 '있잖아요, 비밀이에요.'라고 큰 소리로 말하게 한다.

(2) 업기
① 둘씩 마주 본 후 가위 바위 보로 승부를 낸다.
② 진 사람이 이긴 사람을 업고 일정한 거리를 돌아온다.
③ 사회자는 다양하게 진행할 수 있다.

· 이긴 사람을 업고 제자리에서 5바퀴 도세요.
· 노래가 끝날 때까지 업고 돌아다니세요.
· 서 있는 자리에서 반대편 벽까지 갔다 오세요.

④ 한 번의 승부로 끝나지 않고 진 사람에게도 업힐 기회를 주기 위해서 한 번 더 기회를 준다.
⑤ 파트너를 바꿔 진행한다.

진행코멘트
① 빠른 시간에 어색함을 없애고, 친구들과 육체적 접촉을 통해 친숙함을 느끼도록 해주는 효과가 있다.
② 파트너가 남녀가 돼야 하는 것은 아니다. 자유롭게 진행한다.
③ 선생님도 함께 참여해야 한다..

(3) 인내하기
① 두 사람씩 마주 보고 선다.
② 사회자의 신호에 따라 가위, 바위, 보를 하는데, 진 사람은 좌우로 발을 약간씩 벌려 나간다. (질 때마다 내 발 사이즈만큼 또는 30cm 넓이로 양쪽으로 발을 벌린다.)
③ 이런 방법으로 계속 하다가, 마침내 상대방의 양쪽 다리가 너무 벌어져 견디지 못하여 넘어지게 되면 이기게 된다.

진행코멘트
① 조별로 진행할 수 있다.
② 조별로 한 줄로 정렬하여선 후, 다른 조와 마주 보고 진행한다.
③ 사회자의 신호에 따라 진행하되, 진 사람은 앉아 있고 이긴 사람은 상대팀과 계속하여 승패를 가린다.
④ 이긴 조가 기분 좋으니, 진 사람들을 업고 일정한 거리를 다녀온다.

2) 조별게임

(1) 알까기 술래잡기
① 술래를 정한다. (전체의 1/5 정도를 술래로 정한다.)
② 술래를 알리고 열까지 센 후 친구들을 잡기 시작한다(술래에게는 구별될 수 있는 조끼나 옷을 입힌다.)
③ 술래에게 잡힌 친구는 그 자리에서 양팔을 펴고 양발을 벌리고 서 있어야 한다.
④ 술래에게 잡히지 않은 자유로운 친구가 서 있는 친구의 다리 밑을 통과하면 풀려난다.
⑤ 술래에게 모두 잡히면 술래를 바꾼다.
⑥ 알까지 술래잡기는 여러 명의 심판이 필요하다. 중간마다 서서 진행을 파악하고 지도해야 한다..

진행코멘트
① 조별 대항으로 진행할 수 있다.
② 한 조가 술래가 되어 다른 조를 잡는 형식으로 진행한다.
③ 한 조의 인원이 너무 적으면 두 조가 술래 되어 진행할 수 있다.

④ 제한 시간을 정해놓고 진행하되, 승패는 잡힌 사람들 수로 정한다.

(2) 돼지 씨름
① 조별 리그전으로 진행한다.
② 팔 깍지를 끼어 허벅지를 감싸고 몸을 쉽게 움직이지 못하게 한 후, 오리걸음으로 상대방의 엉덩이를 밀어서 쓰러뜨린다.
③ 또는 무릎을 세우고 앉는다. 그리고 양 발목을 손으로 잡는데 X모양으로 어긋나게 잡는다. 그리고 발로 상대방을 밀어 쓰러트린다. 이때 발로 차는 것이 아니라, 상대방의 몸에 대고 밀어야 한다. 조금 과격해 질 수 있으므로 이 상태에서 몸으로 밀어서 쓰러뜨려도 좋다.
④ 리그전으로 진행함으로써 모든 조와 한 번씩 겨루게 된다.
⑤ 승패를 4승, 3승1패 형식으로 기록한다.
⑥ 진행되는 분위기에 따라 남녀 MVP를 정해도 좋겠다.

진행코멘트
① 조별 대항이 끝나면 각 조의 대표자끼리 일대일로 경기한다.
② 조와 구분없이 전체가 동시에 참여해 밀어낼 친구를 찾아 돌아 다닌다.
③ 최종 승리자에게 선물을 준다.
④ 조장을 대장으로 삼고 대장을 지키는 방법을 응용해도 좋다. (이때 대장으로 여자, 조장, 나이 많은 사람 등 여러 사람을 삼을 수 있다.)
⑤ 대장을 쓰러뜨리면 게임에서 승리하게 된다.

(3) 주님 말씀하시면

① 다트 판과 다트를 구입하거나 코르크판을 가지고 직접 크게만 들어도 된다.
② 다트 판 중앙을 맞추면 줄 선물과 그 외의 지점을 맞출 때 받을 벌칙이 적혀 있는 종이를 준비한다. (이때 번호판을 만들어 원하는 번호를 떼면 그 뒤에 벌칙이 있는 방법을 사용해도 좋다.)
③ 다트를 개인당 3~4개 나누어준다. 그리고 전방에 있는 다트 판을 향해 던진다.
④ 학생들은 다트의 중앙(하나님의 말씀 - 좋은 상품 : 이 부분은 좁게 만든다.)을 맞추어야 한다.
⑤ 그 외의 부분(넓게 표시한다.)은 벌칙을 주도록 한다.

진행코멘트

① 다트가 날카로워서 학생들이 다치지 않도록 교사들은 주의해야 한다. 사회자를 비롯해 주변에 접근 금지.
② 조별 최고 궁수들끼리의 경쟁도 좋겠다.
③ 학생 드림팀과 교사 드림팀이 대결해보자.
④ 시중에 파는 어린이 장난감 활을 사용해도 좋다.
⑤ 이때 화살이 잘 붙어야 하므로 표적은 플라스틱 판이나 아스테이지를 씌운 판을 사용한다.

3) 단체게임

(1) 바로 나야
① 준비물 : 펜, 종이(A4용지), 바구니
② 원형으로 앉아서 진행한다.
③ 준비된 종이를 한 장씩 나누어 준다. 종이에는 '바로 나야'라는 제목을 쓰고, 그 안에 들어가야 할 내용을 기록해 둔다.
④ 받은 종이에 자신의 이름, 생년월일, 특기, 취미 등을 적고 자신의 특징이나 외모, 이미지를 기록하게 한다(예 : 저는 키가 작고요, 머리는 무척 길어요, 피아노를 잘 치는 편이에요).
⑤ 기록한 종이를 바구니에 걷고서 잘 섞은 후 한 사람씩 종이를 뽑게 한다.
⑥ 자신이 뽑은 종이의 주인공 이름을 밝히지 말고 다른 사람의 것을 마치 자신의 것처럼 자연스럽고 능청스럽게 소개한다.
⑦ 소개가 끝난 후 다른 사람들이 내가 소개한 주인공을 알아 맞이도록 한다.
⑧ 몇 번의 기회 동안에도 못 맞추면 소개했던 사람이 주인공을 밝혀준다.
⑨ 그 주인공을 축복하고, 모두 박수로 환영한다.

진행코멘트
① 차분하게 진행하면 오랜 시간이 소요될 수 있기에 저녁 시간에 별도로 진행해도 좋다.
② 주인공이 밝혀지면 자신을 더 소개하고 싶은 내용이 있으면 말해도 좋다. 기록한 종이는 캠프 기간 동안 다른 사람들이 볼 수 있도록 벽에 붙여둔다.

(2) 애칭 세계 일주

① 준비물 : 종이, 펜
② 전체 원형으로 앉아서 진행한다.
③ 둥그렇게 둘러앉고 종이에 자신의 이름과 애칭을 적게 한다.
④ 그 종이를 오른쪽 사람에게 돌린다.
⑤ 다른 사람의 종이를 받으면 그 사람의 애칭을 지어 적어 준다.
⑥ 자신의 종이가 한 바퀴 돌아 다시 자신에게로 돌아오면 다른 사람이 지어 준 애칭을 서로 발표한다. 발표할 때는 내게 지어 준 애칭을 다 소개해도 되고 몇 가지만 소개해도 되며, 그중에서 "가장 마음에 드는 것은 ○○○입니다."라고 말한다.
⑦ 주의사항은 애칭을 지어줄 때 장난 식으로 적어서는 안 된다. 이 친구에게 정말 잘 어울리는 애칭을 생각한 후 지어주도록 지도한다.

진행코멘트
① 애칭 세계 일주를 사용하는 종이는 흰색 종이보다는 색깔이 있는 종이를 사용하면 좋겠다. (캠프·수련회 교재를 만들 때 순서에 넣어둔다.)
② 애칭을 글로 써도 되고, 간단한 이미지 그림을 그려도 좋겠다.
③ 친구들이 지어준 애칭이 마음에 들어 간직하고 싶은 친구들에게는 교회에 돌아와서 코팅해서 나누어 준다.

(3) 이름 빙고
① 준비물: 바둑판 모양의 종이(25칸), 볼펜, 참석한 친구 명단(쪽지), 바구니(학생이 적으면 바둑판 모양의 종이의 칸 수를 줄인다.)

② 쪽지를 한 장씩 나누어 준 후, 자기의 이름을 기록하여 바구니에 넣는다.
③ 바둑판 종이(빙고게임)를 나누어 준다.
④ 바둑판 종이에 참석한 친구들의 명단을 기록한다.
⑤ 빙고게임의 규칙을 알려주어야 한다. 어느 방향이든지 5칸을 일렬로 정렬하면 빙고.
⑥ 사회자는 바구니에 들어 있는 친구들의 이름이 적혀있는 쪽지를 한 장 뽑아 이름을 발표한다.
⑦ 이름이 발표될 때, 내 종이에 그 친구의 이름이 기록되어 있다면 하트 표시를 한다.
⑧ 이름이 발표된 친구가 나와 쪽지를 뽑고 발표하는 형식으로 진행한다.
⑨ 빙고가 된 친구는 '빙고'를 외치고 사회자는 그 친구에게 준비된 선물을 준다.

진행코멘트
① 빙고를 일렬로 5칸 채우는 형식으로만 진행하지 않고 다양하게 진행한다.
② ㄴ자로 빙고 하기, ㄱ자로 빙고 하기, ㄷ자로 빙고 하기 등 재치있게 진행할 수 있다.
③ 빙고가 나왔어도 몇 번 더 진행하여 완성한다.

(4) 술래도 즐거워
① 준비물 : 물총, 물
② 전체 원형으로 앉아 다 함께 노래를 부르면서 진행한다.
③ 징검다리 박수 2박자에 맞춰 물총을 옆 사람에게 전달한다.

④ 사회자가 호루라기를 불거나 노래가 끝나는 순간에 물총을 가지고 있는 사람은 실격된다.
⑤ 그 사람은 분풀이로 양옆에 있는 사람들에게 물총을 쏘아 댄 후 원 중앙에 가서 앉는다.
⑥ 실격된 사람이 3~4명 정도 모이면 벌칙을 받게 된다.
⑦ 인원이 많을 때는 물총 두 개를 동시에 사용한다.

진행코멘트
① 흥미로운 진행을 위해 원 중앙에 바가지 두 개를 배치에 두어, 물총을 쏠 때 방어할 수 있도록 해준다.
② 어느 정도 진행되면 뽕 망치를 추가해 함께 돌려 진행하면서 양옆에 있는 사람을 때린다.
③ 간식 중 초콜릿이나 사탕, 과자 한 봉지 등도 함께 돌려 호루라기나 노래가 끝날 때 받는 사람이 갖는다.

(5) 숫자놀이
① 준비물 : 1~10까지의 숫자 적힌 푯말(& 숫자 스티커)
② 원형으로 앉아 진행한다.
③ 모두에게 숫자가 기록된 푯말을 하나씩 나누어 준다.
   한 사람이 1~10까지의 숫자 중 하나의 숫자를 받는다.
④ 사회자가 지명하는 숫자에 맞추어 서로 짝을 지어 모인다.
⑤ 사회자는 다음과 같은 형식으로 숫자를 부른다. 오늘 날짜, 성경권수, 전도사님 몸무게, 캠프참가 인원, OOO 선생님의 키, OOO 선생님의 나이 등.
⑥ 두 사람 이상 여러 명이 모여 숫자를 만들어 간다. 방법은 이렇다. '성경 권수'는 66권이다. 그렇다면, 6이라는 숫자를 든 사람

두 명이 모이면 66이 된다. 또는 66이 되도록 숫자를 합쳐도 괜찮다(1+5=6).

진행코멘트
① 정답에 꼭 맞지 않는 숫자도 있을 것이다. 그런 경우는 가장 가까운 숫자를 맞춘 팀이 승리한다.
② 마무리는 모든 숫자를 하나로 모이게 하되, 번호 순서대로 전체 원을 이루도록 한다.
③ 사회자는 숫자에 대해 이야기를 한다..

"숫자는 1부터 시작합니다. 10부터 100부터 시작하는 숫자가 있습니까? 없습니다. 사람도 한 살부터 시작합니다. 태어나면서부터 20살이 있습니까? 없습니다. 무엇이든지 하나부터, 한 살부터 시작하는 것입니다. 아름다운 건축을 할 때에도 벽돌 하나를 놓은 일부터 시작합니다. (우리 삶의 건축도 작은 것 하나부터 시작입니다.)

하나를 소중하게 여기십시오. 시작을 귀하게 생각하십시오. 하나가 있으므로 완성할 수 있는 것입니다.

또 한가지가 있습니다. 하루는 제 아들에게 가장 큰 숫자는 무엇이냐고 물어본 적이 있습니다. 너는 어떻게 생각하느냐고 했더니 '조'라고 말했습니다. 우리가 사용하는 숫자는 '조'까지가 맞습니다. 그런데 이런 생각이 들었습니다. '숫자의 끝은 무한대다.' 어쩌면 그 숫자는 하나님의 사랑과도 같습니다. 끝이 보이지 않는 것이지요. 무한대. 그런 하나님의 사랑으로 캠프를 멋지게 출발합시다"

④ 기도함으로 '마음을 열어주는 신앙공동체 훈련'을 마친다.

4. 비전도서 - 우리가 오르지 못할 산은 없다.

① 한 주간 동안 강영우 박사님이 쓴 책 '우리가 오르지 못할 산은 없다'을 읽는다.
② 읽으면서 감명 깊었던 내용을 정리하여 SMS에 글을 올린다(페이스북, 카카오스토리).
③ 내게 영향력을 주었던 그림이나 글을 한 줄 문장으로 표시해둔다.
④ 나의 비전과 관계된 인물이나, 사건, 신문 기사들을 스크랩한다.
⑤ 비전과 관계된 책을 읽고 자료를 모으라.
⑥ 비전을 위한 묵상 기도시간을 갖는다. '기도하는 사람이 세상을 움직인다.'

3주. 비전이란 무엇인가?

1. 특별한 만남

'사람과의 관계가 회복되었다.'라는 말의 의미는 상호 간의 마음의 문이 열려 있음을 의미한다. 마음의 문이 열림으로 서로를 더 이해하게 되고, 상대방에 대한 관대함과 너그러움을 갖게 한다. 또한 서로간의 이해를 싹 틔우게 한다.

모든 것에는 계기가 필요하듯 이 프로그램 역시 관계 회복을 위한 첫 단계 프로그램으로 이해하면 좋을 것이다. 즉 마음을 열어주는 공동체 활동은 서로 마음의 문을 열고 상대방에 대한 관대함과

너그러움을 갖게 하는 공동체 활동들이다. '나'라는 마음에서 '우리'라는 공감대를 갖게 하는 공동체 활동이다. 진행자는 항상 관계회복이라는 도달점을 염두에 두고 진행해야 할 것이다.

(1) 4/4박자 박수치기

'4/4박자 박수치기' 포인트

4/4박자 박수치기는 박자와 리듬감이 중요하다. 흥겨운 찬양으로 기분을 상승시키는 준비작업이 필요하다. 서로서로 다닥다닥 붙어 앉아 친밀감을 더 느끼게 할 수 있도록 노력한다. 이 활동이 끝나 서로 기분을 상승시키고 활발함을 얻어냈다면 일단 성공이다.

'4/4박자 박수치기' 활동 방법

전체 원형으로 앉은 상태에서 몸 풀기 찬양을 진행하는데 옆 사람과 무릎이 닿도록 앉는다. 4/4박자 찬양으로 다음과 같이 진행하는데 단계별로 한 박자가 된다.

· 오른쪽 사람의 양쪽 무릎을 두 손으로 치고

· 내 양쪽 무릎을 두 손으로 치고

· 왼쪽 사람의 양쪽 무릎을 두 손으로 치고

· 내 양쪽 무릎을 두 손으로 치고

· 내 양쪽 무릎을 두 손으로 치고

· 내 양쪽 무릎을 두 손으로 치되 손을 바꿔서 치고

· 다시 내 양쪽 무릎을 두 손을 치고

· 두 손으로 만세를 한다

위에서 소개하고 있는 방법으로 '아름다운 마음들이 모여서' 찬양한다. 어느 정도 진행이 되면 업그레이드 된 동작으로 다음과 같이 진행한다.

· 오른쪽으로 두 번째 있는 사람의 왼쪽 무릎을 치고

· 오른쪽 사람의 왼쪽 무릎을 치고

· 왼쪽으로 두 번째 있는 사람의 오른쪽 무릎을 치고

· 왼쪽 사람의 오른쪽 무릎을 치고

· 내 양쪽 무릎을 두 손으로 치고

· 내 양쪽 무릎을 두 손으로 치되 손을 바꿔서 치고

· 다시 내 양쪽 무릎을 두 손을 치고

· 두 손으로 만세를 한다

두 번째에서는 처음 시도했던 방법보다 한층 더 가까워질 수 있는 활동이다.

(2) 안녕하세요 혼자 왔습니다

'안녕하세요 혼자 왔습니다.'의 포인트

4/4박자 박수치기로 자연스럽게 몸을 풀었다면 바로 이 활동으로 넘어간다. 앞의 게임은 서로 같이 앉아 하는 게임이었다. 이번 게임은 전체 앞에서 '나'를 서로에게 들어낼 기회를 제공하므로 더 자연스러운 관계가 이어져 나가게 될 것이다.

'안녕하세요 혼자 왔습니다.' 활동의 방법

전체 원형으로 앉은 상태에서 시작한다. 진행하는 방법은 다음과 같다. 사회자는 한 사람을 일어나게 한 후 "안녕하세요 혼자 왔습니다."라고 인사하게 한 후 앉게 한다.

다음은 그 옆에 있는 두 사람을 일어나게 한 후 "안녕하세요 둘이 왔습니다."라고 인사하게 한 후 앉게 한다.

다음은 그 옆에 세 사람을 일어나게 한 후 "안녕하세요 셋이 왔습니다." 인사하게 한 후 앉게 한다. 이와 같은 방법으로 다섯 명까지 진행한다.

"안녕하세요 다섯이 왔습니다."라고 말한 다음에는 다시 '안녕하세요 혼자 왔습니다.'로 돌아가면서 반복하게 됨을 알게 한다.

"지금 소개한 방법대로 진행하는데 몇 가지 주의사항이 있습니다." 주의 사항은 다음과 같다. 일어날 때 옆 사람과 손잡고 일어나면 안 되고, 자기 차례가 되면 그냥 일어나야 한다. 순서에 맥이 끊어지지 않도록 해야 한다. 너무 늦게 일어나거나, 눈치를 보면 벌칙을 받게 된다.

"그럼 지금부터 안녕하세요 혼자 왔습니다를 시작하겠습니다."라고 말한 후, 한 사람을 지명하면 그 사람부터 시작한다. 중간에 벌칙을 받고 다시 시작할 경우에는 순서대로 진행하지 말고 사회자가 지명하는 사람부터 시작하도록 한다.

게임이 익숙해지거나, 인원이 많을 때는 "안녕하세요 다섯이 왔습니다."로 끝내지 말고 "안녕하세요 열 명이 왔습니다."로 해도 된다.

게임이 익숙해지면 약간 변화를 준다. 지금까지는 '안녕하세요 혼자 왔습니다.'의 형식으로 진행했다.

이제부터는 홀수는 처음대로 진행하고 ("안녕하세요 혼자, 셋이, 다섯이 왔습니다") 짝수에 일어나는 사람은 "안녕하세요."까지만 하고 자리에 앉게 한다. 게임이 익숙해질 때쯤 다음 활동인 '빈자리를 채워라'로 넘어간다.

(3) 빈자리를 채워라

'빈자리를 채워라' 활동의 포인트

'안녕하세요 혼자 왔습니다.' 활동이 끝나면서 자연스럽게 이어지게 한다. '빈자리를 채워라.'라는 어색한 분위기를 빨리 친해질 수 있는 분위기로 바꿔주는 활동 프로그램이다. 대부분 원형으로 앉으라고 하면 남자끼리, 여자끼리 앉아있거나 친한 사람끼리 앉아 있게 된다. 이러한 분위기를 바꾸어 주는 활동이다.

'빈자리를 채워라' 활동 방법

사회자는 다음과 같이 진행하는 방법을 소개한다. 사회자가 원형으로 들어가 앉은 상태에서 시작한다. 사회자 옆에 앉아있는 사람의 손을 잡으면서 말한다.

"저와 이 사람 사이에 빈자리 하나가 있다고 생각합니다. 빨리 이 빈자리에 사람을 데려와서 앉게 해야 합니다. 빈자리를 채우는 방법은 남자끼리 앉아 있으면 그 가운데 여자를 데려와서 앉게 해야 하고, 여자끼리 앉아 있다면 남자를 데려와서 앉게 해야 합니다. 남녀가 앉아있는 경우에는 남녀 중 아무나 데려와서 앉게 합니다."

이렇게 간단하게 설명을 한 후 사회자는 직접 시범을 보인다. 이와 같은 방법으로 반복해서 진행하는데 처음에는 어색해서 진행이 잘 안 되기 때문에 다음과 같은 규칙을 적용하면 활동이 활발해지게 된다. 사회자가 '하나, 둘, 셋'을 셀 동안 빈자리를 채워야 한다..

시간이 초과하면 벌칙을 받게 된다고 말하는 순간부터 진행이 빨

라지기 시작할 것이다. 벌칙으로는 한번 걸릴 때마다 100원씩 받거나, 아니면 링고무줄로 머리를 묶게 한다. 진행하다가 익숙해지면 활동하는 사람들을 한 팀으로 하지 않고, 두 팀이 동시에 진행할 수 있도록 한다면 재미가 더해질 것이다. 활동이 끝났을 때 남자끼리, 여자끼리 앉은 사람들이 있을 때 가벼운 벌칙을 준다.

(4) 특별한 만남

'특별한 만남' 활동의 포인트

이번 프로그램은 좀 더 역동적인 게임이다. 내가 전체를 알고 서로에게 나를 알리는 '특별한 만남' 프로그램은 상대방과의 자연스러운 공감대를 형성하는 게임이다.

이 게임을 통해 사람 간에 가장 의미 있고 특별한 만남이 사랑하는 사람과의 만남이고, 더 특별하고 중요한 만남이 바로 예수그리스도와의 만남이라는 것을 되새길 수 있는 계기를 만들어야 한다.

'특별한 만남' 활동 방법

전체 원형으로 서 있는 상태에서 시작한다. 두 사람씩 짝을 짓도록 한다. 가능하면 남녀가 파트너가 되는 것이 좋다. 서로 마주 보고 인사하는데 방법은 다음과 같다.

먼저 서로 오른손 바닥을 3번 마주치면서 잘생겼다고 생각하는 사람이 먼저 '○○○'라고 자기 이름을 말하면 반대로 왼손 바닥을 3번 마주치면서 파트너가 '○○○'라고 자기 이름을 말한다.

서로의 손바닥을 3번 마주치면서 '만나서'라고 말하고 고개를 숙이면서 '반갑습니다.'라고 인사한다. 인사가 끝나면 파트너와 손을 잡는데 왼손은 왼손을, 오른손은 오른손을 잡는다.

'아름다운 마음들이 모여서' 찬양을 부르면서 자유롭게 돌다가 사회자가 '스톱'이라고 외치면 지금 잡고 있는 파트너의 손을 빨리 놓고 다른 파트너의 손을 잡아야 한다.

　이제부터는 형제는 자매를, 자매는 형제의 손을 잡도록 한다. 파트너를 만나지 못했다고 실격은 아니다. 다만, 다음 기회에 더 열정적으로 만나기를 소원할 것이다.

　파트너를 만난 상태에서는 다음과 같이 진행한다.

　사회자가 "우리는 지금 교회에서 만났습니다. 인사하겠습니다 '할렐루야'라고 말하면 파트너와 함께 제스처를 취하면서 '할렐루야'라고 인사한 후 위에서 소개했던 방법으로 인사를 나눈다.

　이제 또 다른 만남을 위한 여행을 해야 하는데, 지금부터 중요한 것은 한번 만났던 사람을 또 만나서는 안 된다. 앞으로 만나는 사람은 이 활동에서 처음 만나는 사람이어야 한다. 사회자는 진행하는 동안 다양한 만남의 장소와 인사법으로 이끌어가야 한다..

- 목욕탕에서 만났습니다 - 서로 때를 밀어주는 제스처를 취하면서 '시원하다.'라고 말한다.
- 식당에서 만났습니다 - 배를 만지면서 '잘 먹었습니다'
- 락카페에서 만났습니다 - 춤을 추면서 '랄랄라'
- 사랑하는 사람과 만났습니다 - 포옹하면서 '사랑해'
- 수영장, 학교, 극장, 지하철 등 만나는 장소에 따라 인사하는 방법을 다르게 한다.

　어느 정도 시간이 지나면 사회자는 '교회에서 만난 사람끼리 모이세요.'라고 말하면 지금까지 만났던 사람 중에서 교회에서 만났던 사람을 찾아가야 한다. 아마 망설이게 될 것이다) 교회에서 만난 사람이 생각나지 않거나, 망설이는 사람들에게는 가벼운 벌칙 정도로 넘어가면서 몇 번 반복한다.

마지막 만남은 "사랑하는 사람과의 만남을 찾아가세요."라고 말하면 대부분 기억한다. 그 이유는 포옹을 했기 때문이다. 사회자는 이 프로그램을 마무리하면서 다음과 같이 코멘트 한다.

"우리가 사람을 만날 때 중요한 것이 있다. 하나는 어디에서 만났느냐? 그리고 또 하나는 누구를 만났느냐 하는 것이다.

잘못된 만남으로 삶을 그르치는 사람도 있고, 좋은 만남으로 인생이 바뀐 사람도 있다. 여러분의 생애에 좋은 만남만 있기를 바랍니다. 또 여러분 자신이 좋은 사람 되기를 바랍니다.

그러나 우리가 꼭 만나야 할 분이 있습니다. 바로 예수 그리스도입니다. 이미 그리스도를 만났다면 이는 내 생애 최고의 축복입니다. 행사기간 동안 예수 그리스도와 함께 비전을 꿈꾸기를 바랍니다."

(5) 치타와 타잔

'치타와 타잔'의 활동 포인트

공동체 활동 프로그램의 마무리 게임이다. 아무리 즐겁고 의미 있는 프로그램도 오랜 시간이 지나면 역효과를 낼 수도 있다. 사회자는 이런 분위기를 빨리 파악해서 시간 조절을 한다.

'치타와 타잔' 공동체 활동 방법

'특별한 만남'이 끝난 자리에서 바로 진행한다. 2인 1조가 되어 가위바위보 게임을 한다. 게임에 진 사람에게 가벼운 벌칙을 주면서 몇 번 반복하다가 다음과 같이 진행한다.

"이제는 더 이상 기회가 없습니다. 지금까지 이겼어도 지금 지면 평생 후회할 일이 생깁니다. 무슨 일이 있어도 이기기를 바랍니다.

알겠지요? 자, 다 같이 '가위바위보' 이제 승부가 결정되었습니다. 따라하겠습니다. 이긴 사람은 '타잔', 진 사람은 '치타'"

치타의 선서, 치타만 따라하게 한다.

"선서. 나는 지금부터 사람이 아니다. 치타다. 타잔을 위해 생명을 다하는 충성스러운 치타가 될 것을 다짐합니다. 치타"

선서가 끝나고 사회자가 '타잔'을 부르면 타잔은 함성을 지르면서 "아아아~아~" 소리지른다. 그리고 '치타'를 부르면 원숭이 흉내를 내면서 타잔을 한 바퀴 돈 후 앉은 상태에서 타잔의 손을 잡는다. 이 상태로 치타는 타잔을 중심으로 돌면서 찬양을 한 곡한다.

이제부터는 최고의 타잔을 뽑는 시간이다. 치타는 타잔의 뒤에 서서 허리를 잡는다. 2인 1조가 되어 '아름다운 마음들이 모여서' 찬양을 부르면서 자유롭게 돌아다니다가 사회자가 '스톱' 신호를 보내면 다른 타잔을 만나야 한다. 둘이 만났으면 사회자의 지시를 따라 가위바위보를 통해 승패를 가린다.

이긴 타잔은 앞에 서고, 진 타잔은 뒤에 서서 양손으로 허리를 잡는다. 이와 같은 방법으로 반복하면서 최고의 타잔을 뽑는다.

최고의 타잔이 뽑혔으면 전체 원형으로 서 있는 상태에서 야구에

서 홈런을 날리면 모두 나와서 박수도 쳐주고 하이파이브해주는 것처럼 '아름다운 마음들이 모여서' 찬양을 하면서 한 바퀴 돌도록 한다.

2. 비전특강

(1) 비전이란 무엇인가?

비전특강은 '비전 만들기 프로젝터나 OHP' 활동을 하기 전 짧게 진행하는 특강이다. 혼자 진행하는 강의법보다는 비전특강에서 소개하고 있는 프로젝터나 OHP 필름을 이용한 강의법이나, 제목에 알맞은 시청각 자료를 사용하는 강의법을 적절히 활용하여 진행한다면 효과적인 강의가 될 것이다. 비전특강에 좋은 책으로 강영우 박사의 '우리가 오르지 못할 산은 없다.'와 강헌구 교수의 '아들아, 머뭇거리기에는 인생이 너무 짧다.'를 추천한다.

1) 비전이란 내 안에 가능성을 발견하는 것이다

옆에 나오는 정사각형 그림을 프로젝터나 OHP 필름으로 보여준 후 이 정사각형 안에는 모두 몇 개의 정사각형이 있는지 알아맞혀 보게 한다(어느 정도 시간을 주어 알아맞히게 한 후 강의를 계속 이어 진행한다.) 어떤 사람은 16개의 네모꼴만 보는 사람이 있다. 여러분에겐 몇 개의 네모꼴이 보이는가? 정답은 모두 30개의 네모꼴이 있다. 네모꼴을 자세히 보면 그 안에 감추어진 많은 네모꼴을 발견하게 될 것이다.

비전은 내 안에 있는 것을 끄집어 내는 것이다. 내 안에 있는 꿈을 끄집어 내고, 잠재력을 끄집어 내어 내가 목표하는 곳을 향하여 전진하는 것이다. 나는 내게서 무엇을 보는가? 겉으로만 드러난 16개의 네모꼴이 보이는가? 아니면 내 안에 감추어진 수많은 가능성을 보는가? 그것을 발견하라. 대부분의 사람들이 내 안에 있는 무한한 가능성과 자원을 보지 못하기에 개발하지도 않고 녹슬어 버리게 하는 경우가 많다.

하나님은 우리에게 무한한 자원을 주셨다. 그러나 그것을 개발하고 연구하는 것은 우리의 몫이다. 나는 내 안에 무엇을 보는가?

2) 비전은 밀가루 반죽과 같다

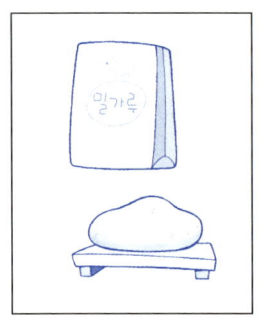

비전은 밀가루 반죽과 같다. 밀가루를 반죽해서 작품을 만들다가 잘못 만들면 다시 반죽해서 만들고, 또 잘못 만들었으면 다시 반죽해서 만들어 결국에는 원하는 모양을 만들어 낼 수 있기 때문이다.(밀가루 반죽을 보여주면서 설명하면 더욱 효과적이다.) 비전은 한 번에 만들어지지 않는다. 계속해서 다듬고, 훈련 되고, 준비할 때 결국에는 이룰 수 있게 되는 것이다. 이렇게 고백하게 하라.

"나는 다듬어지지 않은 다이아몬드다."

아직은 다듬어지지 않은 다이아몬드지만 다듬어지기만 한다면 전문가의 손에 의해 다시 태어나기만 한다면 엄청난 가치를 부여받게 되는 것이다. 우리가 어떻게 만들어지고, 다듬어지느냐에 따라서 우리의 비전은 달라진다.

3) 비전은 나침반이다

비전은 앞으로 갈 방향을 정하는 나침반과 같다. 앞으로 10년, 20년 후 내가 어디에 있을지를 생각해 보면서 그곳까지 가는 스케줄을 구상하는 것이다. 한마디로 내 인생의 '목표 세우기'이다. 에베레스트 산을 제일 먼저 정복한 에드먼드 힐래리 경은 에베레스트 정상에 오르겠다는 목표를 세우고 등산을 시작했는데 어느 날 정상에 있는 자신의 모습을 보았다고 말했다.

4) 비전은 작은 불씨다

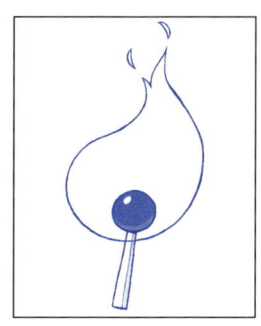

비전은 작은 불씨와 같다. 내 마음에 불을 지르는 것이다. 작은 불씨가 있어야 나무도 태울 수 있다. 시작은 작은 불씨에서 시작하지만, 결과는 엄청난 것이다. 내 영혼에 비전의 작은 불씨를 붙여라.

슈바이처는 가슴에 품고 있던 결심을 실행에 옮기기 위해 30세의 나이에 의과대학에 등록했다. 그것은 삶의 모든 것을 포기하는 운명적 결단이었다. 당시 그는 이미 유능한 신학교수로서, 오르간 연주자로서, 또한 오르간 제조기술자로서 명성을 날리고 있었던 것이다. 9년의 학업을 마친 후 졸업과 동시에 슈바이처는 자신의 병원을 세우고자 아프리카의 램버린으로 갔다.

많은 이들이 슈바이처의 꿈과 그 꿈을 실천한 노력에 영향을 받왔다. 슈바이처는 비전을 품는 순간 자신의 가슴에 끓어 오르는 무엇인가를 느꼈던 것이다.

5) 비전은 사랑에 빠지는 것이다

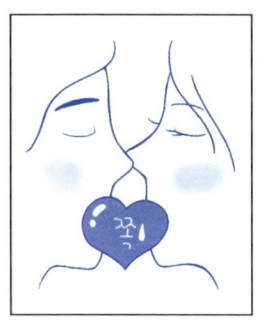

비전은 누구도 말릴 수 없는 사랑, 조금 하다가 그만두는 사랑이 아니라 자기의 모든 것을 쏟아 붓는 열정적인 사랑에 빠지는 것이다. 루터 버뱅크는 식물과의 사랑에 빠졌고, 빌 게이츠는 컴퓨터와의 사랑에 빠졌고, 스티븐 스필버그는 영화와의 사랑에 빠졌다. 제니트 리는 포켓볼과의 사랑에, 박찬호 선수는 야구와의 사랑에, 서태지는 음악과의 사랑에 빠졌다.

그리고 많은 사랑의 열매는 그 사람의 삶 또한 풍성하게 해주고 있다.

나는 무엇과 사랑에 빠져있는가? 어떤 일이든지 열심히 노력하는 사람보다도, 좋아서 하는 사람, 하고 싶어서 견딜 수 없어 하는 사람이 더 잘하는 법이다.

6) 비전에 공짜는 없다

오래전에 어느 현명한 왕이 현자들을 한 자리에 모아 놓고 이런 임무를 내렸다.

"후손에게 물려 줄 수 있도록 세기의 지혜를 연구하여 책을 담아 주시오"

그래서 현자들은 오랜 세월 동안 연구를 하여 12권의 책으로 만들어서 왕에게 그것이 바로 세기의 지혜가 다 수록된 책이라고 말했다.

"여러분 이것은 세기의 지혜가 담긴 책이기 때문에 우리의 후손에게 물려 주어야 합니다. 그러나 너무 두꺼워 사람들이 읽지 않을까 염려가 됩니다. 간단하게 이것을 줄여야 한다고 생각합니다."

그래서 현자들은 그것을 줄여서 한 권으로 만들었다. 왕은 그래도 두껍다고 더 줄여 보라고 말했다. 현자들은 한 권의 책을 하나의 장 크기만 하게 줄였다. 그리고 다시 한 페이지로, 다시 하나의 문장으로 바꾸었다. 왕은 문장을 보고 매우 기뻐했다. 현자들을 보고 이렇게 말했다.

"여러분 이것이 내가 바라는 그리고 여러분이 바라는 세기의 지혜입니다. 많은 사람이 이것을 배우면 그들이 가진 문제들이 쉽게 해결될 것입니다." 현자들이 후손에게 물려주기 위해서 만든 세기의 지혜는 이것이었다. "공짜는 없다."

7) 비전은 사명이다

다음은 예화 나라에 소개된 글이다.

몇 해 전 타임지가 미국을 움직이는 가장 영향력 있는 인물 100명을 선정했는데 그 중에 1위는 빌 게이츠도, 클린턴 전 대통령도, 부시 대통령도 아니다. '오프라 윈프리'라는 여성 토크 진행자였다. 그녀가 진행하는 프로그램의 시청자가 어림잡아 평균 1,000만이 넘고, 그녀의 말 한마디에 미국인들은 감동을 한다.

그녀가 "가난한 고아원을 방문했는데 그곳에 도움이 필요해요."라고 10초만 얘기하면 다음날 그 고아원에 수십억의 기부금이 도착한다.

"이 책을 읽었는데…" 한마디 하면 그 책은 다음날 미국 내 베스트셀러가 된다. 그녀의 이런 영향력은 어디서 비롯된 것일까? 그녀의 자서전인 "이것이 사명이다."에 나오는 네 가지 인생철학에 그 해답이 있다.

첫째. 남보다 가졌다는 것은 축복이 아니라 사명이다.
둘째. 남보다 아파하는 게 있다면 그것은 고통이 아니라 사명이다. 아파 본 사람만이 아픔을 겪는 사람들을 위해 봉사할 수 있다는 것이다.
셋째. 남보다 설레는 게 있다면 그것은 망상이 아니라 사명이다.
넷째. 남보다 부담되는 게 있다면 그것은 강요가 아니라 사명이다. 그녀는 혼혈아로 태어나 가난과 아픔 속에서 자랐고, 혼자 공부하면서 성경 속 모세를 통해 오늘의 자신을 일구었노라고 간증한다.

그렇다면 내가 남보다 더 가진 것은 무엇인가? 내가 남들보다 더 아파하는 것은 무엇인가? 나를 설레게 하고 부담되게 하는 것은 무엇인가? 그것이 내가 해야될 사명, 곧 비전인 것이다.

3. 내 인생의 설계도 그리기

1) 준비하기
① 설계도를 그리기 전 어떻게 설계도를 그려야 하는지 짧은 특강을 한다.
② 조별 원형으로 앉되 개인별로 진행한다.
③ 세상에서 가장 편안한 자세로 참여할 수 있도록 한다.
④ 준비물: A4용지를 넉넉히 준비한다. 색연필, 사인펜(조별)

2) 진행하기
(1) 설계도를 그리기 전 생각해야 할 일 (짧은 특강)

① 설계도를 그리기 전 최고의 설계자 되시는 하나님과 상의하자. 하나님은 최고의 설계자가 되신다. 우주와 만물을 창조하셨다. 노아의 홍수를 설계하셨다. 성막을 설계하셨다. 우리 인생을 지으셨다. 예수님은 우리를 위하여 처소를 예비하러 가신다고 하셨다. 하나님은 최고의 설계자임을 기억하자. 최고의 설계자 되시는 하나님께 내가 어떻게 하기를 원하시는지 상의해야 한다..

② 시편 139편 13~16절까지 읽어보자.
"주께서 내 장부를 지으시며 나의 모태에서 나를 조직하셨나이다. 내가 주께 감사하오음은 나를 지으심이 신묘막측 하심이라 주의 행사가 기이함을 내 영혼이 잘 아나이다. 내가 은밀한 데서 지음을 받고 땅의 깊은 곳에서 기이하게 지음을 받은 때에 나의 형체가 주의 앞에 숨기우지 못하였나이다. 내 형질이 이루기 전에 주의 눈이 보셨으며 나를 위하여 정한 날이 하나도 되기 전에 주의 책에 다 기록이

되었나이다" 주께서 나를 지으셨다. 모태에서 나를 조직하셨다. 나는 나의 상태를 아는가? 나의 오장 육 보에 대해 아는가? 나를 모를지라도 주님은 아시기에 나의 설계도를 하나님 앞에 펼쳐놓으라. 나를 어떻게 설계하셨는지 하나님께 묵상하며 나아가자.

③ 아무것도 기록되어 있지 않은 하얀 백지를 보여준다.
'여기 아무것도 기록되어 있지 않은 하얀 백지가 있습니다. 처음에는 누구든지 백지에서 시작합니다. 이곳에 시작점을 찍어보십시오. 그리고 이제 하나씩 그려가며 설계도를 완성해 나가는 것입니다. 이제 우리는 멋진 설계도를 그리고자 하는 열정을 갖기를 바랍니다. 그곳에 여러분이 원하는 색깔로 원하는 모양을 그려보세요. 다른 사람이 하니까 나도 해야지 하는 마음으로 그리지 말고, 내가 정말 하고 싶은 것, 내가 정말 가고 싶은 것, 내가 정말 이루고 싶은 것 그것을 그리기를 바랍니다.'

④ 밀가루와 빵을 보여준다.
'여기 밀가루와 빵이 있습니다. 밀가루의 가격은 얼마나 할까요? 그렇다면, 이 빵의 가격은 얼마나 할까요? 밀가루가 비쌀까요? 아니면 빵이 비쌀까요? 빵이 비쌉니다. 빵은 밀가루로 만들지만 완성되고 나면 그 가치는 다른 것입니다. 우리들의 설계도도 그렇습니다. 하얀 백지 아무것도 아니지만, 이곳에 멋진 설계도가 그려지고 난 다음에는 그 가치가 달라지는 것입니다.

⑤ '되고의 법칙'을 엽서로 만들어 나누어 준다.
(힘들고 어려울 때 인터넷을 통해 받을 글을 소개한다. 예쁘게 만들어 나누어 주면 좋겠다)

되고 법칙

돈이 없으면 벌면 되고
잘못이 있으면 잘못은 고치면 되고
안 되는 것은 되게 하면 되고
모르는 것은 배우면 되고
부족하면 메우면 되고
힘이 부족하면 힘을 기르면 되고
잘 모르면 물으면 되고
잘 안되면 될 때까지 하면 되고
길이 안 보이면 길을 찾을 때까지 찾으면 되고
길이 없으면 길을 만들면 되고
기술이 없으면 연구하면 되고
생각이 부족하면 생각을 하면 되고

이와 같이 되고 법칙에 대입해서
인생을 살아가면 안 되는 것이 없을 것이다.
내가 믿고 사는 세상을 살고 싶다면
거짓말로 속이지 않으면 되고
미워하지 않고 사는 세상을 원하면
사랑하고 용서하면 되고
사랑받으며 살고 싶으면
부지런하고 성실하고 진실하면 되고
세상을 여유 있게 살고 싶으면
이해하고 배려하면 되고 해 보라! 된다.

(2) 설계도 그리기
   ① 짧은 특강을 통해 어떻게 설계도를 그려야 하는지 살펴보았다. 이제 설계도를 그려보자.
   ② 설계도를 그리는 형식이 정해진 것은 아니다.

   · 마인드맵 형식을 이용하여 그린다.
   · 한 컷의 그림으로 표현한다.
   · 나이별로 연대를 나누어 그려도 된다.
   · 글로 표현해도 괜찮다.

   ③ 설계도를 그리는 시간은 15~20분 정도를 준다.

(3) 설계도 소개하기
나의 설계도를 발표하는 시간이다. 발표하는 것을 어렵게 생각하지 말자. 우리는 말함을 통해서 책임지고자 하는 마음을 갖게 되고 이루려고 노력하게 된다.

   ① 내가 그린 설계도를 한 사람씩 돌아가면서 조원들과 나눈다. 제한시간이 있기 때문에 한 사람이 너무 오랜 시간을 이야기 하지 않도록 한다.
   ② 발표하는 시간에 대한 제안은 1분 또는 3분 모래시계를 준비해서 조별로 나누어 준다. 발표를 시작하면서 모래시계를 사용한다. (사회자만 사용해도 된다.)
   ③ 조별 발표가 끝나면 각 조에서 한 사람씩 선정하여 앞에 나와 우리 조에서 발표했던 조원들의 설계도를 소개한다.
   ④ 소개가 끝나면. 각자 자기가 그린 설계도를 들고 돌아다

니면서 나의 설계도를 소개하고 싶은 사람들을 찾아간다. (이때, A4용지를 한 장씩 가져간다.)

⑤ 내가 찾아간 사람에게 나의 설계도를 소개한 후, 새로 준비한 종이에 '나에게 용기를 주는 글'을 간단하게 써 달라고 부탁한다.

⑥ 이와 같은 형식으로 나의 설계도를 소개하고, 나에게 용기를 주는 글을 기록한다.

⑦ 발표하는 시간을 가져도 좋고, 조별로 적절한 공간에 설계도와 나에게 용기를 주는 글을 붙여둠으로써 모든 사람들이 볼 수 있도록 한다.

⑧ 적당한 시간이 지나면 모두가 있는 자리에서 나의 설계도를 놓고 하나님께 기도하는 시간을 가지면서 마무리한다.

4주. 나는 누구인가?

1. 자신감 충전

1) 나는 누구인가?

우리는 가끔 이런 생각을 한다. '나는 누구일까? 다른 사람들은 나를 어떻게 생각할까? 나는 누구인가?' 프로그램은 타인의 모습 속에 비친 자신의 모습을 돌아보는 활동이다.

하지만 우리가 잊지 말아야 할 것이 있다. 다른 사람들이 본 나의 모습이 진짜 내 모습이 아닐 수 있다. 나의 진짜 모습은 하나님이 나를 어떻게 보시는가? 하나님은 나를 어떻게 생각하시는가 하는 것이 더욱 중요함을 알게 한다.

(1) 준비하기

① 사회자는 A4 종이와 펜을 인원수만큼 준비한다.
② A4 종이 한 장과 펜을 학생들에게 나누어 준다.
③ 원형으로 앉아 시작한 후, 일어나서 자연스럽게 돌아다니며 진행한다.

(2) 진행하기
① 학생들은 나누어진 종이 위에 제목을 쓴다.
"나는 누구인가? (자신의 이름)"를 쓴 후, 내가 생각하는 나는 어떤 사람인 것 같다고 쓴다.
(예 : 다음 세대를 세우는 사람 천준호).
② 이제 일어서서 주변을 돌아다니며 친구들에게 자신에 대한 글을 적어 온다.
③ 이때 5글자 또는 7글자로만 표현하도록 한다. 예를 들면 "부드러운 남자야.", "인간성 괜찮네요.", "아주 멋있어" 등...
④ 자신을 표현한 것 중 비슷한 종류대로 묶어 어떤 식의 말들이 제일 많이 나왔고 어떤 식의 말이 제일 적었는지 기록한다.
⑤ 예를 들면 "부드러운 남자야.", "짱멋있어요.", "하나님의 남자임" 등 긍정적인 말과 "인간성 별로예요.", "깨끗치 못함" 등 부정적인 말을 구분한다. 긍정적 말과 부정적 말 중 어느 말이 더 많이 나왔는가를 기록한다.
⑥ 용기 있는 사람은 발표한다.

(3) 응용하기
① 자신이 들고 다니기에 학생들이 좋은 말만 써줄 수 있다.
② 직접 들고 다니지 않고 자신의 옆 사람과 종이를 바꾸어서 들고 다니며 글을 받는다.
③ 또는 Rolling-Paper 형식으로 옆으로 돌아가며 적게 해도 좋다.

진행코멘트

① 내가 생각하는 나의 모습과 다른 사람들이 생각하는 나의 모습이 다를 수 있음을 인정해야 한다. 사람마다 보는 기준이 다르기 때문이다. 내 생각과 다르다고 틀린 것은 아니기 때문이다.

② 우리에게 가장 중요한 것은 내가 생각하는 나의 모습도 아니고, 다른 사람들이 생각하는 나의 모습도 아니다. 가장 중요한 것은 나를 창조하신 하나님이 나를 어떻게 생각하시느냐가 가장 중요하다. 나는 하나님의 멋진 작품이다.

③ 하나님은 나를 어떻게 생각하실까? 성경을 통해 나에게 뭐라 말씀하시는지 발표하면서 같이 이야기하면 좋겠다. (예를 들면, 친구들은 제게 '아직도 부족하다.'라고 했지만 하나님은 '너는 최고의 작품'이라고 말씀하십니다)

2) 성공한 사람 & 성경의 사람

성공이란 무엇일까? 사람들은 성공하고 싶어 한다. '성공한 사람 & 성경의 사람'은 성공에 대한 바른 가치관을 정립할 수 있도록 도와주는 프로그램이다. 내가 생각하는 성공이란 무엇인가를 생각해보고, 성경이 우리에게 말하는 성공과의 차이점은 무엇이 있는지 알아보는 시간이다. 예수 그리스도를 섬기는 우리들은 성공한 사람으로 살아가기보다는 성경의 사람으로 살아가야 함을 깨닫게 한다.

(1) 준비하기

① 사회자는 A4 종이와 펜을 인원수만큼 준비한다.
② A4 종이 한 장과 펜을 학생들에게 나누어 준다.

③ 학생들에게 제시할 성경적 삶을 살아서 성공한 인물의 구체적 예를 준비한다.
④ 책이라든지, 인터넷의 출처가 확실한 정보라든지, 신문의 기사 등 객관적 사실이 입증될 만한 자료를 준비한다.

(2) 진행하기
① 준비된 종이 위에 내가 생각하는 세상에서 가장 크게 성공을 한 사람 5명을 기록하게 한다.
② 그리고 각 사람의 이름 밑에 자신이 그 사람을 성공한 사람이라고 생각하는 이유 몇 가지를 적는다.
③ 몇몇 사람을 세워서 발표하도록 한다. (사람의 수가 적으면 다 들어도 된다.)
④ 이렇게 적은 종이는 버리지 말고 캠프기간 동안 벽에 붙여 놓도록 한다.
⑤ 사회자는 학생들의 이유를 다 듣고 나서 신앙의 사람으로 성공한 사람들에 대한 이야기를 한다. (워너메이커, 링컨, 록펠러, 이랜드의 박성수 사장 등)
⑥ 학생들이 기록하고 발표한 내용을 모아서 '성공한 사람 & 성경의 사람'이라는 제목으로 작은 책을 만들어 보는 것도 좋겠다.

(3) 응용하기
① 가장 발표를 잘한 학생에게는 성경의 사람들의 일대기를 기록한 책을 선물로 준다.
② 교회 특별활동으로 사용하면 좀 더 구체적으로 진행할 수 있다.

③ 발표된 사람들 중 가장 중요한 업적을 남긴 사람, 이 세상에서 없어서는 안 될 사람, 가장 위대한 사람 등으로 바꾸어 5가지를 제시하고 그의 따른 이유를 말하게 한다.

진행코멘트

① 어릴 적 위인전을 한 번쯤을 읽어보았을 것이다. 위인들의 모습을 통해 자신의 인생도 멋지게 설계하며 살아갔으면 하는 것이 부모님의 마음이었을 것이다.
② 성경을 찾아보자. 요한계시록 6장 15절부터 17절 말씀을 읽는다. "땅의 임금들과 왕족들과 장군들과 부자들과 강한 자들과 각 종과 자주자가 굴과 산 바위틈에 숨어 산과 바위에게 이르되 우리 위에 떨어져 보좌에 앉으신 이의 낯에서와 어린 양의 진노에서 우리를 가리우라. 그들의 진노의 큰 날이 이르렀으니 누가 능히 서리요 하더라"
③ 성경본문에서 말씀하시는 내용은 마지막 하나님의 심판의 때가 되었을 때의 모습 중 한 부분을 우리에게 소개하고 있다. 그들은 이 땅에서 임금 노릇한 자들이었다. 그들은 왕족으로 장군으로 부자로 강한 자로 멋지고 큰소리치며 살았다. 그러나 마지막 날에 하나님의 낯을 피하기 위해 숨을 곳을 찾고 있는 모습을 보게 된다. 사람들은 세상에서 이들을 성공자라 하지 않았을까? 이들을 부러워하지 않았을까? 그러나 하나님은 말씀하신다. '누가 능히 서리요' 하나님 앞에 설 수 없는 자들이라는 것이다.
④ 생각한다. 진짜 성공한 사람은 마지막 날에 하나님 앞에 서지 못하는 저들이 아니다. 하나님 앞에 설 수 있는 사람. 그

사람이야 말로 진짜 성공한 사람이다. 그 사람들은 성경의 사람이다. 성경 말씀을 따라 살아가는 자들이다.
⑤ 성공의 사람이란 곧 성경의 사람이다.

3) 100원이 5,000보다 더 큰 이유

이 프로그램은 사람들이 하나님의 것을 알지 못하기 때문에 세상의 조그마한 것에 마음을 빼앗기고 살아가고 있음을 알게 한다. 하나님의 큰일, 하나님의 계획, 하나님의 Vision을 찾게 된다면 그동안 내가 생각하며 추구해 오던 일들이 얼마나 추하고 초라한 것인지 알게 된다. 아직 하나님의 계획과 비전을 발견하지 못했습니까? 자! 다음과 같이 해봅시다.

(1) 준비하기

① 10원짜리, 50원짜리, 100원짜리, 500원짜리 동전을 준비하거나, 1,000원, 5,000원, 10,000원짜리 지폐를 준비한다.(진짜 돈으로 하면 실감 나겠지만, 경우에 따라서는 종이로 달란트를 만들어 진행한다.)
② 높이 30cm 정도의 상자를 준비한다. 조별로 한 상자씩 나누어준다.

③ 효과적인 진행과 적극적인 참여를 위해 학생 5명에 상자 하나가 적당하다.

(2) 진행하기
① 준비된 동전과 지폐 또는 종이 달란트를 상자에 넣는다.
② 학생들에게 100원짜리 동전이나 작은 금액의 달란트를 손에 쥐도록 한다.
③ 그리고 상자 안에서 돈을 꺼내도록 한다. 이때 학생은 상자 안을 볼 수 없다. 또한 자신의 손에 쥔 동전이나 달란트를 반드시 상자 안에서 떨어뜨리고 다른 것을 집어야 한다. 이때 학생들이 만져가며 판단할 수 있으므로 상자에 손 넣은 후 3초 안에 빼도록 한다.
④ 또한, 자신의 손에 있는 돈에 만족할 경우 상자에 손을 넣지 않아도 된다.
⑤ 이와 같은 방법으로 3~5회 정도 실시한다.
⑥ 활동이 끝나면 이야기를 나눈다. 언제 상자 안에 손을 넣었으며 언제 손을 넣지 않았는지 이유를 말한다.
⑦ 내 손에 큰 금액이 있으면 상자에 손을 넣지 않게 된다.
⑧ 이와 마찬가지로 하나님 나라의 큰 것을 내가 발견하면 소중한 하나님의 나라의 것을 버리고 이 세상의 작은 것들에 대해서는 절대로 손을 펴서 잡지 않게 될 것이다.

진행코멘트
성경을 찾아서 함께 읽는다.
천국에 대한 세 가지 비유(마태복음 13장 44~50절) 이다.
첫 번째 비유. 천국은 마치 밭에 감추인 보화와 같으니 사람이 이를 발견한 후 숨겨 두고 기뻐하여 돌아가서 자기의 소유를 다 팔아 그 밭을 샀느니라.

두 번째 비유. 천국은 마치 좋은 진주를 구하는 장사와 같으니 극히 값진 진주 하나를 만나매 가서 자기의 소유를 다 팔아 그 진주를 샀느니라.

세 번째 비유. 천국은 마치 바다에 치고 각종 물고기를 모는 그물과 같으니 그물에 가득하매 물 가로 끌어 내고 앉아서 좋은 것은 그릇에 담고 못된 것은 내어 버리느니라

천국은 말씀과 같이 자기의 소유를 다 팔아 그 밭을 사는 것과 같다. 천국은 자기의 소유를 다 팔아 진주를 사는 것과 같다. 천국은 좋은 것은 그릇에 담고 못된 것은 내어 버리는 것과 같다. 왜 그럴까? 내가 가지고 있는 것보다 발견한 천국은 비교도 되지 않기 때문이다.

49절~50절을 읽어보자.

"세상 끝에도 이러하리라. 천사들이 와서 의인 중에서 악인을 갈라 내어 풀무 불에 던져 넣으리니 거기서 울며 이를 갊이 있으리라"

우리가 사는 세상에서만 더 좋은 것을 취하고 나쁜 것은 버리는 것이 아니다. 천국에서도 그런 일이 있음을 말씀하고 있다. 우리들은 하나님께서 소중하게 여기셔서 주의 품에 안겨주시는 사람들임을 기억하자.

2. 사명선언문 만들기

사명선언문 만들기는 내가 앞으로 무엇을 해야 하는지를 분명하게 밝히는 것으로서 내가 해야 할 최종 목표를 기록하는 활동이다. '아마 되겠지', '되긴 될꺼야'라고 생각하는 것이 아니라 하나님이 함께하시면 된다는 믿음을 가지고 비전을 만들어 보자. 사명선언문 만들기는 [로리베스존스의 책 '기적의 사명 선언문'(한·언)] 에서 아이디어를 얻어 현장에서 활용할 수 있도록 새로운 각도로 접근했다. 비전을 꿈꾸는 교사들과 학생들에게 그 책을 추천한다.

(1) 준비하기
① 프로젝터나 OHP 필름에 '사명선언문 만들기'라고 글을 쓴다.
② 조별로 OHP 필름과 12색 유성 매직을 나누어준다.
③ A4 용지에 '나에게 용기를 주는 글'이라 기록한다.
 (1인 한 장씩)

(2) 사명선언문을 만들어야 하는 이유
우리가 내 비전에 대하여 분명한 확신을 가지고 있다면 나의 비전을 이루어 가는 동안 적당히 살지 않게 되고, 나와 다른 사람을 비교했을 때 나보다 내 주변에 있는 사람들이 성공적인 삶을 살아갈지라도 좌절하지 않으며, 하나님이 내게 주신 길이 있음을 믿고 그 곳을 향해 갈 수 있기 때문이다.

로리베스존스의 '기적의 사명 선언문'에는 다음과 같은 글이 쓰여있다. 나는 나의 인생계획을 세울 때 어머니에게 도움을 요청했다. 어머니는 미소를 머금은 채 차를 마시면서 정감 어린 말투로 다음과 같이 말해 주었다.

"너를 계획하지도 못한 내가 어떻게 너의 인생을 계획하는데 도움을 줄 수 있겠니?" 그렇다. 사람은 내가 이 땅에 사는 동안 무엇을 위해서 살아야 하는지. 잘 알지 못하지만, 나를 계획하시고 나를 보내신 하나님께서는 나를 향한 인생의 계획을 가지고 계심을 믿어야 한다. 그러한 마음으로 비전을 만들자.

(3) 비전 만들기 진행하기
로리베스존스는 비전 선언문을 만드는 세 가지 요소에 대해서 다음과 같이 말했다.

- 한 문장을 넘어서는 안 된다..
- 12살 난 아이라도 쉽게 이해할 수 있어야 한다.
- 쉽게 외울 수 있어야 한다.

역사적으로 볼 때 위대한 지도자들은 대부분 한 문장으로 요약할 수 있는 사명을 가지고 있었는데 그들은 다음과 같다.

- 에어브라햄 링컨의 사명은 '미합중국의 분열을 막는 것' 이었다.
- 프랭클린 D.루스벨트는 '대공항에 종지부를 찍겠다.' 라는 사명을 가지고 있었다.
- 넬슨 만델라는 '인종차별을 종식시키는 것' 을 사명으로 가지고 있었다.
- 테레사 수녀는 '굶주리고 가난한 사람들에게 자비와 연민을 베푸는 것' 을 사명으로 가지고 있었다.
- 잔 다르크는 '프랑스 해방' 을 사명으로 가졌다.
- 성경 속 느헤미야는 '예루살렘의 성벽을 재건' 하는 사명에 충실했다.

자, 그렇다면 이제 로리베스존스가 이야기한 비전 선언문을 참고하여 나의 비전을 만들어 보자. 조별로 앉은 후 준비된 자료를 나누어 주고, 세상에서 가장 편안한 자세로 만들어 보자.

준비된 프로젝터나 OHP 필름 위에 유성 매직을 이용하여 내가 꿈꾸는 비전을 그림이나 글로 표현한다. 그리고 사명선언문을 만들 때 조별로 외친다.

'하나님이 함께하시면 무엇이든지 되는 세상'

조원들의 사명선언문 만들기가 끝나면 조원들과 마음을 같이하여 박수 3번을 친다. 이는 진행자에게 끝났다는 신호를 보내는 것이다. (진행자는 끝나지 않은 조를 위해서 기다려준다.) 이제 한 명씩 앞에 나와서 프로젝터나 OHP를 보여주면서 자신의 사명선언문을 소개한다. 한 명의 발표가 끝나면 들어가면서 다른 사람을 지명하여 나오도록 하는 형식으로 전체가 참여할 수 있도록 한다.

프로젝터나 OHP를 이용하여 자신의 비전을 소개하였다면 이제부터는 자유롭게 돌아다니면서 한 사람씩 만난다. 그리고 그 사람에게 나의 비전과 사명선언문을 보여주고 서로를 위해 기도하는 시간을 갖는다.

기도가 끝나면 준비된 자료 '나에게 용기를 주는 글' 란에 롤링페이퍼 형식으로 한마디씩 소망스러운 말을 적어준다. 이와 같은 형식으로 계속해서 사람들을 만나도록 진행한다. 일정한 시간이 흐른 후 다음과 같이 코멘트 한다. 예수님께서 우리에게 보여주신 비전은 "내가 온 것은 영원한 생명을 얻게 하고, 그것을 더 풍성히 얻게 하려는 것이다."라는 한 문장으로 표현할 수 있다.

예수님이 물로 포도주를 만들거나, 아이들과 놀아주거나, 해변에서 설교하시거나, 혹은 기존의 종교 체계에 도전장을 던지는 행위 등등, 예수님이 행하신 일들은 예수님의 사명 선언문을 지키신 것이라 볼 수 있다.

　우리는 간음죄로 현장에서 잡힌 여인을 기억하고 있다. 그때 예수님께서 말씀하시고 있다. '나의 사명은 비난이 아니라 생명을 주는 것이다.' 예수님은 그렇게 말씀하심으로, 심판을 거절하신 것이다.

　이것은 간음한 여인에게 새 삶을 또한 새로운 용기를 심어준 사건으로 볼 수도 있을 것이다. 내게 진정한 용기를 주시고, 힘을 주시는 분은 오직 그리스도 예수뿐이란 사실을 기억하자.

　(4) 응용하기

• 마인드 맵을 이용한 비전 만들기

· 마인드 맵 형식으로 비전 만들기를 진행한다.

· 색깔 있는 A4 용지에 나의 비전 만들기를 기록한다.

· 조별로 원형으로 앉게 한 후, 두 사람씩 짝을 지어 비전을 소개한다.

· 소개가 끝나면 조원들은 원형으로 앉고 한 사람씩 비전 만들기를 소개하는데 내 것을 소개하는 것이 아니고, 내가 만났던 사람의 비전을 조원들에게 소개한다.

· 조별 활동이 끝나면 전체 앞에서 발표할 수 있는 사람은 자연스럽게 자신의 비전을 발표하게 한다.

· 기록한 비전 선언문은 모두 걷어서 코팅한 후 개인에게 돌려주거나, 전시한 후 돌려준다. (컴퓨터를 활용하여 멋진 액자를 만들어준다.)

● 우리 학생회 비전 선언문 책자 만들기

· 비전 캠프·수련회에서 기록한 비전 선언문을 하나의 책으로 만들어 선물로 나누어준다.

· 그 책의 이름을 공고해서 가장 적합하다고 생각되는 것으로 정하여 학생들에게 좋은 기념이 되게 한다.

3. 시와 작은 음악회

'시와 작은 음악회'는 내 마음을 열고 평소에 목사님, 선생님과 친구들에게 하고 싶은 이야기를 앞에 나와서 공개적으로 이야기하거나, 개인적으로 축복하고 싶은 사람, 위로해 주고 싶은 사람을 앞으로 나오게 하여 그를 축복하는 프로그램이다.

(1) 준비하기

무대를 예쁘게 꾸민다. 풍선도 달고, 마이크도 꽃으로 장식하고, 중앙에 의자를 한 개 놓는데 의자도 분위기 있게 꾸며둔다. 현수막까지는 아니어도 우리들의 작은 음악회라는 제목을 적당한 곳에 붙여둔다.

조명기구를 준비하여 앞에 나온 사람에게 초점을 맞출 수 있도록 한다. (또는 OHP 슬라이드를 이용하여 조명으로 사용할 수 있다.) 폴라로이드 카메라와 비디오 촬영을 준비한다.

또는 녹음기로 대신할 수 있다. 예쁜 편지지를 만들어 나누어주거나, 학생용 교재에 기록하도록 한다.

(2) 진행하기

사회자는 이 프로그램의 의미를 설명해 준다. "이 시간은 선생님과 친구들에게 하고 싶은 이야기를 공개적으로 이야기할 수 있는 시간입니다. 평소에 미안했던 사람, 고마웠던 사람, 만나보고 싶었던 사람, 나의 위로가 필요한 사람, 내가 축복하고 싶었던 사람에게 공개적으로 이야기할 수 있는 시간입니다."

"앞으로 초대한 사람을 위해 노래를 불러주어도 괜찮고, 편지 쓴 것을 읽어 주어도 괜찮고, 평소에 하고 싶었던 이야기를 해주어도 좋습니다."라고 이야기한다. 자유로운 형식으로 편안하게 진행한다. 순서는 다음과 같다.

- 말하고 싶은 사람이 먼저 앞에 나와서 한 사람을 앞으로 초대한다.
- 초대받은 사람은 중앙에 있는 의자에 앉게 한다.
- 조명은 중앙에 앉은 사람을 비춘다.
- 초대한 사람을 위해서 편지, 위로, 축복, 노래 등 자유롭게 형식에 구애를 받지 않고 진행한다.

이렇게 해서 한 명이 끝나면 원하는 사람을 중심으로 자연스럽게 진행한다. '시와 작은 음악회'는 시간에 쫓기듯 진행하지 말고, 예상 시간보다 초과하더라도 흐름이 끊어지지 않도록 진행하는 운영의 묘가 필요하다. 마무리 시간에는 전체가 서로 위해 자유롭게 돌아다니면서 축복하고 기도하는 시간을 가지면서 교역자의 기도로 마친다. 하루를 마무리하는 시간에 활용하면 좋다.

(3) 시와 작은 음악회 실제

어려운 환경을 이기고 대학을 졸업하는 한 자매를 사회자가 앞으로 초대한다. 그를 앞에 앉게 한 후 그의 지난 순간들을 정리하여 이야기하면서 그에게 대견스럽고 그 힘든 순간을 이겨준 자매를 축복한다고 말한다. 그를 위하여 축복송을 부른다. 함께 찬양단을 섬기면서 알게 되었던 자매를 초대하여 그간 서운했던 것과, 고마웠던 일들을 이야기한다.

그리고 그를 위해 '이 시간 너의 맘속에 사랑이 가득하길' 축복송을 부른다. 교제하는 사람을 초대해 그동안 힘과 위로가 되어준 것에 고마움을 표시하고, 앞으로 이렇게 되었으면 하는 바람을 이야기한 후 '나의 모습 나의 소유' 함께 노래한다.

동생이 누나를 초대한다. 평소에 자신에게 잘 대해준 누나에게 고맙고 힘들 때마다 위로해준 누나에게 감사와 사랑을 표현한다. 하지만 그 속에서도 평소에 섭섭했던 이야기, 하지 못했던 이야기들을 나누면서 가족 간의 사랑과 서로를 더욱 아껴줄 수 있는 시간을 갖는다. 이야기가 끝난 후, 서로 포옹하면서 기도해준다.

한 형제는 비전캠프·수련회에 참여한 사람들을 대상으로 평소에 하고픈 이야기를 한다. 털어놓지 못했던 속사정을 이야기한 후 함께 찬양한다.

(4) 시와 작은 음악회 마무리

초대한 사람들과의 일정한 시간이 흐르면 축복송을 함께 부르면서 서로를 축복하며 기도하는 시간을 갖는다. 진행하는 사회자의 지시에 따라 둘씩, 또는 그룹별로 기도회를 이끈다. 계획대로 진행하기보다는 성령의 인도 하심에 따라 진행해야 한다.

"보좌로부터 물이 흘러 주님의 강이 우릴 즐겁게 해" 찬양을 돌아다니면서 부른다. 박수를 치면서, 표현할 수 있는 최고의 표현을 하면서 찬양한 후 전체가 원형으로 설 수 있도록 인도하면서 하루를 정리한다.

(5) 응용하기

깜짝 이벤트를 준비한다. 앞에 나온 사람들과 축복하는 사람들에게 공개되지 않은 이벤트로 선물을 준비한다. 앞에 나온 사람들의 사연은 가지각색이기에 독특하면서도 애교 있는 선물들을 준비하는데 방법은 다음과 같다.

- 손수건 : 너의 눈물을 닦아줄게.
- 2% : 너의 부족한 것을 채워줄게.
- 초콜릿 : 나의 사랑을 받아 줘.
- 새우깡 : 우리 깡다구로 살지 말고 은혜로 살자.
- 초코파이 : 우리의 우정 변하지 말자

보다 독특한 아이디어로 준비해 두었다가 시와 작은 음악회가 끝날 때쯤 앞에 나온 사람들의 이야기를 중심으로 해당하는 선물을 주면서 축복하고 위로한다.

'나를 축복합니다.'

'시와 작은 음악회'는 다른 사람을 초대해서 말하는 것이지만 '나를 축복합니다.'라는 자신을 다른 사람들에게 소개하는 시간이다. 형식은 '시와 작은 음악회'와 갖지만 나 자신이 주인공이 되는 것이다. 지금까지 살아온 자신의 생애 중 가장 감동적이었던 순간, 또는 가장 어려웠던 시절, 가장 기억에 남는 이야기를 다른 사람들 앞에서 고백함으로 하나님께는 영광이 되고, 듣는 사람들에게는 은혜가 되는 시간이 된다.

5주. 인생을 다섯 글자로 말하기
- 중단해서는 안 될 일 -

1. 우리의 몸을 깨우는 공동체 활동

오늘 하루도 서로의 마음을 열고, 사랑의 교제를 할 수 있는 활동을 한다. 간단하면서도 재미있게 진행되기 때문에 아침마다 가볍게 할 수 있다.

(1) 어깨 잡고 몸 풀기
- 2인 1조가 되어 일어난다.
- 둘씩 마주 보고서서 일정한 거리를 유지한 다음, 다리는 어깨 넓이만큼 벌리고, 양손은 상대방의 어깨를 잡는다.
- 사회자의 구령에 따라 위에서 아래로 눌러준다.

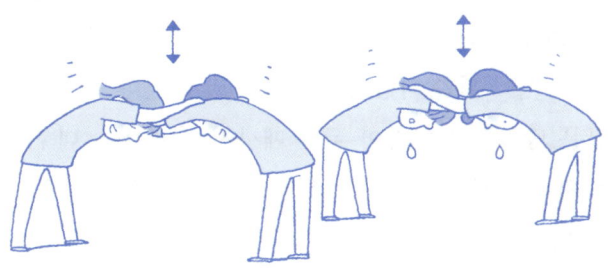

(2) 업어주며 몸 풀기

- 2인 1조가 되어 뒤로 돌아선 후, 서로의 등이 마주치도록 한다.
- 팔짱을 낀 후 허리의 힘을 이용해 상대방을 업는다.
- 사회자의 구령에 따라 진행한다.

(3) 우리는 하나

- 2인 1조가 되어 한 사람은 앉고 한 사람은 서 있는다.
- 앉아 있는 사람은 다리를 벌리고, 서 있는 사람은 그 다리 사이에 들어가 선다.
- 사회자의 구령에 맞혀 앉아 있는 사람은 다리를 좁히고, 서 있는 사람은 다리 벌리는 형식으로 반복하여 진행한다. '하나' 하면 벌리고, '둘' 하면 좁히는 형식으로 구령을 부친다.
- 교대로 진행한다.

(4) 찬양하며 발차기

전체 일어나서 하나의 원을 만든다. 참여하는 인원이 많을 때는 조별로 진행한다. 옆 사람과 손을 잡고 '아름다운 마음들이 모여서' 찬양을 부르면서 오른쪽으로 돌면서 발로 상대방의 엉덩이를 차는데 방법은 다음과 같다. 오른쪽으로 돌면서 '아름다운 마음들이 모여서' 찬양하다가 '모여서' 할 때 발로 오른쪽 사람의 엉덩이를 찬다. 그리고 반대로 왼쪽으로 돌면서 '주의 은혜 나누며' 할 때 '나누며'를 함과 동시에 왼쪽 사람의 엉덩이를 발로 찬다.

이와 같은 방법으로 찬양이 끝날 때까지 진행한다. 너무 심하게 엉덩이를 차지 않도록 주의를 주도록 한다. 재미있고 유익한 시간이 될 것이다.

(5) 찬양하며 모양 만들기

위에서 소개하고 있는 '찬양하며 발차기'를 업그레이드 한 것이다. '찬양하며 발차기' 형식으로 찬양하면서 돌다가 사회자 "십자가를 만드세요."라고 이야기하면 조원들이 마음을 같이해서 십자가 모양을 만들어야 한다. 어느 조가 가장 잘 만들었는지 확인하고, 몇 번 반복한다.

'예수님 표현하기'를 했을 때, 나귀를 타고 입성하시는 예수님을 표현한 조가 있었다. 한 사람이 나귀가 되고, 예수님은 나귀 위에 타셨고, 주변에 있는 사람들은 손을 흔들며 '호산나'하고 외치는 모습을 연출했다.

'비전 표현하기'를 했을 때, 한 사람이 성경을 펴서 들고 있고 다른 사람들은 성경을 향해 달려가는 모습을 연출했다. 이것이 왜 비전이냐고 물었더니 '하나님의 말씀을 바라보는 것이 우리의 비전이다.'라고 대답했다. 이러한 방법으로 다양한 표현을 연출할 수 있도록 진행하고, 표현되는 장면마다 사진 촬영을 해두고, 왜 그렇게 표현했는지 꼭 질문하다.

2. 인생을 다섯 글자로 말하기

오래전, TV 이홍렬 쇼 중 다섯 글자로 대답하는 프로그램이 나왔다. 번쩍이는 아이디어와 재치 있는 대답으로 시청자를 사로잡는 모습을 보면서 아이디어를 얻었다. 지나온 자신의 인생을 다섯 글자로 표현하고 발표하는 프로그램이다.

(1) 진행하기

덩달이 시리즈의 글쓰기 편을 이야기한다. 덩달이가 계속 엉뚱한 글쓰기를 해 오자 선생님도 많이 지치셨다. 선생님은 학용품을 선물로 준비해 덩달이를 만났다.

"덩달아, 이건 내가 너에게 주는 선물이다. 자, 어른에게 이런 선물을 받았을 때는 어떻게 말하지? 다섯 자로 대답해 봐, 맨 끝 자가 '다'야 그러자 덩달이는 자신 있게 대답했다. '뭐 이런 걸 다' 대부분 '고맙습니다', '감사합니다.'라고 대답하겠지만 덩달이는 뜻밖에 상식을 뛰어넘는 기발한 대답을 했다. '자 우리도 덩달이처럼 독특하면서도 기발한 표현으로 인생을 다섯 글자로 표현해 보겠습니다'

준비된 자료를 활용하여 진행하는 '인생을 다섯 글자로 말하기'는 태어났을 때, 10대, 20대, 30대, 최종적인 나의 삶을 시대별로 나누어 다섯 글자로 표현한다.

비전을 갖는 사람은 자신의 지나간 과거와 현재, 그리고 미래를 보는 눈이 있어야 하기에 이 과정이 꼭 필요한 것이다. 깊이 생각하면 진지하고 중요한 시간이기에 너무 장난스럽지 않도록 진행하도록 한다.

기록이 끝나면 '딥 다운 다운' 노래를 부르면서 발표하는데 방법은 다음과 같다.

· 노래 부르기

deep deep oh~ deep down down
deep down in my heart(I love you Jesus) ×2
oh ××(이름을 부른다) do you love Jesus,
Jesus is in your heart oh Yes(대답한다)
I love Jesus, Jesus is in my heart

· 진행하기

'딥 다운 다운' 노래를 부르다가 사회자가 "oh○○"(오~준호)이름을 부르면 다 같이 그 사람을 향해서 "do you love Jesus, Jesus is in your heart" 부르고 지명받은 사람은 일어나면서 "oh Yes, I love Jesus, Jesus is in my heart"라고 부른다. 일어나서는 '내 인생을 시대별로 다섯 글자씩' 말하면서 지나간 나의 삶을 이야기한다. 한 사람씩 발표할 때마다 격려의 박수를 치고, 발표가 끝나면 '아멘'으로 화답한다. 위와 같은 방법으로 자신의 삶을 이야기한다.

소개하는 방법은 다음과 같다. 화평교회 노정은 자매 이야기이다.
태어났을 때: '제발 숨 셔라'. 태어났을 때 숨을 쉬지 않았다고 한다.
10대 : '혼란스러워'. 무언가 알지 못하지만, 왠지 혼란스러웠던 시기.
20대 : '꿈이 있는 삶'. 꿈을 갖게 되었고
30대 : '꿈을 이룬 삶'. 꿈을 성취하게 되었고
최종적인 삶 : '주님 바라기'. 나의 삶의 목표는 오직 주님만 바라는 것이다.

(2) 인생을 다섯 글자로 말하기 실제

이 름	태어났을 때	10대	20대	30대	최종적인삶
진규형제	간난아이다	못말렸습다	부족한사람	채울줄아는	축복된만남
현주자매	응애걸었지	고민도많아	비전은무엇	알수가없음	주만높이네
정은자매	제발숨셔라	혼란스러워	꿈이있는삶	꿈을이룬삶	주님바라기
성은형제	하나님선물	목마른일꾼	나를찾아서	십자가의길	하나님께로
송이자매	아주예뻤어	주님만났지	아직난감해	열심히봉사	주님과함께
혜정자매	남자아인가	꿈만많았지	출동준비중	함께일해요	주와투게더
수영자매	우렁찬울음	폿대없는삶	예배의기쁨	부르심의길	믿음의모험
미연자매	슈퍼우랑아	소심한아이	저는요최고	예쁜간호사	주님내안에
주현형제	쥬라기공원	푸른아이들	청춘주님께	지질이궁상	오직주예수
윤성자매	짱이쁜공주	발날감찍이	예뻐질나이	청지기의길	낮은자윤성
상미자매	잘태어났어	순수메니아	현실에순응	사랑하면서	주님과동행
현석형제	의에헤어어	질풍노도기	이젠이루지	후회없는삶	한편드라마
소현자매	잘기억안나	목표없는삶	목표있는삶	광고계강자	주님께영광
선경자매	열아들짜리	남자였지	이젠여자야	파워선교사	예수의제자

(3) 은혜로운 코멘트

소개가 끝나면 다음과 같이 말한다.

"인생을 다섯 글자로 표현하기는 지금까지 살아온 나의 삶을 정리하고 지나간 과거를 돌아보고 치유하는 시간이었습니다. 사람에게는 누구나 다 과거가 있습니다. 그 과거가 있었기에 현재 나의 모습을 진단할 수 있고, 그와 함께 미래를 향해 나갈 수 있는 것입니다. 지나간 시간이 우리에겐 모두 소중하고 값진 것들이지만 우리는 여기에 머물러서는 안 되기에 보다 나은 미래를 바라볼 수 있는 것입니다. 오늘 여기에 있게 해 주신 하나님께 감사드리면서 찬양 드리겠습니다."

(4) 찬양하며 기도하기

'주님과 같이 내 마음 만지는 분은 없네' 찬양을 한다.

지나간 자신의 모습을 돌아보면서 과거에 내가 어떠했던지 그래도 싸매시고 고쳐주신 주님의 은혜를 생각하면서 기도한다.

(5) 인도자의 마무리기도

마무리 기도는 인도자가 한명 한명의 이름을 부르면서 그의 최종 목표인 삶을 위해 기도한다. 기도하는 형식은 다음과 같다.

"하나님 진규 형제의 마지막이 축복된 만남 되게 하여 주옵소서"
"하나님 현주 자매의 마지막이 주만 높이네 되게 하여 주옵소서"
"하나님 선경 자매의 마지막이 예수의 제자 되게 하여 주옵소서"

나는 그때, 그 감정과 흥분을 잊을 수 없다. 그냥 이 글을 읽을 때에는 흥분되지 않을 수 있으나 참여하는 사람들이 자신의 삶을 돌아보면서 발표하는 내용을 들어본다면 그대도 흥분할 것이다. 그리고 하나님께 감사할 것이다.

설교자료 2

중단해서는 안 될 일

본문 : 딤후: 4:7~8

　42.195km를 쉬지 않고 달려 인간의 한계에 도전하는 올림픽의 꽃 마라톤에 얽힌 일화가 있습니다. 1968년 10월 20일 멕시코시티 올림픽 경기장에 수천 명의 군중이 마라톤 경기의 마지막 주자를 기다리고 있는데 몇 명의 선수들이 결승선에 들어온 뒤 비틀거리며 쓰러졌습니다. 사람들의 시선이 우승한 선수에게 집중되고 있을 때 잠시 후 경찰차의 호위 속에 달려오는 한 선수가 있었는데 그는 존 스티븐 아쿠와리였습니다.
　그는 아프리카 탄자니아 선수였고 그날의 마지막 주자였습니다. 그의 다리는 부상을 입어 피투성이였습니다. 게다가 경찰차가 뒤따라 올 정도로 상태도 심각했습니다. 이미 경기 도중 자주 쓰러진 그는 그때마다 힘겹게 일어서서 다시 달렸던 것입니다. 참담한 고통과 외로움 속에서 포기하지 않고 끝까지 뛰어낸 것입니다. 절뚝거리며 그는 마지막으로 운동장을 한 바퀴 돌았습니다. 그가 들어올 때 첫 주자가 들어왔을 때보다 더 큰 박수가 나왔습니다. 어렵게 트랙을 돌고 난 뒤 쓰러져버린 그에게 기자가 물었습니다.
　"다리를 다쳤는데 왜 경기를 포기하지 않았습니까?" 숨을 헐떡이면서 이야기합니다.
　"내 조국은 경주를 포기하라고 나를 이곳에 보내지 않았습니다. 출전해서 끝까지 달리라고 7천 마일 밖인 여기에 나를 보낸 것입니다."

존 스티브 아쿠와리는 조국의 이름으로 달린 것입니다. 그렇다면, 크리스천인 우리들은 누구를 위해, 누구의 이름으로 달려야 하겠습니까?

예수그리스도의 이름으로 달려야 합니다. 본문 5절에 보면 "그러나 너는 모든 일에 근신하여 고난을 받으며 전도의 일을 하며 네 직무를 다하라."라고 말씀하고 있습니다.

"네 직무를 다하라"

"네 직무를 다하라"

이것은 무엇입니까? '어려우면 포기해' 라가 아닙니다. 어려워도 네 직무를 다하라는 것입니다. 우리가 무슨 일을 하든지 중단해서는 안 될 이유가 여기에 있습니다. 우리들은 모두 하나님으로부터 보냄 받은 사람들입니다. 주님은 우리가 무슨 일을 할 때 포기하는 것을 결코 원하지 않습니다. 사도 바울과 같이 "내가 선한 싸움을 싸우고 나의 달려갈 길을 마치고 믿음을 지켰으니"라고 말할 수 있는 하나님의 사람이 되기를 원하십니다. '내가 선한 싸움을 싸우면서 나의 달려갈 길을 갔지만, 중간에 포기했다. 내게는 너무 버거운 삶이었다.'라는 소리를 기뻐하지 않으십니다. 그런데 사람들은 중간에 왜 중단하게 될까요?

첫째로, 목표가 뚜렷하지 않을 때 중단합니다.

대학입시 때가 되면 소신 지원을 해야 하지만 배우고 싶은 곳으로 가는 것이 아니라 점수에 맞는 곳으로 들어갑니다. 그렇게 해서 들어간 곳은 내가 원하던 것이 아니기에 소홀해질 수밖에 없습니다. 중간에 많은 갈등을 겪습니다.

농부의 가정에서 있었던 일입니다. 아버지는 아들에게 밭을 갈고 길을 놓으라고 했습니다. 다했노라고 해서 가 보았더니 밭이 똑바로 갈지 않고 삐뚤 빼뚤 갈아져 있었습니다. 그래서 아버지가 아들에게 말했습니다. '목표를 정해놓고 갈아야 똑바로 갈 수 있단다.' 그래서 아들은 다시 갈았습니다. 그런데 또 삐뚤 빼뚤 간 것입니다. 아버지가 '너 무엇을 목표로 했느냐?'라고 물었더니 아들은 밭을 가는 소의 엉덩이를 보면서 갈았다고 말했습니다. 엉덩이가 움직이는 데로 했다는 것입니다.

아버지는 '얘야, 이번에는 움직이는 물체가 아니라, 흔들리지 않는 목표를 정해놓고 해라'고 했습니다. 그래서 이번에는 말뚝을 박아놓고 그것을 보면서 했더니 똑바로 되었다고 합니다. 목표가 뚜렷하지 않으면 중단될 수 있습니다. 내 기분에 따라서 움직이는 목표는 중단될 수밖에 없습니다. 또 내가 하는 일에 대해 자부심이 없을 때 중단될 수밖에 없습니다.

태어날 때부터 팔다리가 없는 '선천성 4지 절단' 장애인 오토타케 히로타다라는 사람이 있습니다. 그는 팔다리가 없는 장애인으로 태어났지만, 특수 휠체어를 타고 일반 초·중·고교를 거쳐 명문 와세다대에 합격했습니다.

그는 "장애를 갖고 태어난 나 밖에는 할 수 없는 일을 해보겠다."라고 말하면서 어린이들을 휠체어에 태워 거리를 돌기도 하였고, '휠체어 탐험대'를 조직하기도 했습니다. 얼마 전에는 '오체불만족'이라는 책을 써서 많은 독자의 사랑을 받았습니다.

그는 장애를 입었기 때문에 살아갈 의미가 없다고 고백하지 않고, 장애를 입은 나밖에는 할 수 없는 일을 해보겠다고 했습니다.

오래전, 한 성도를 통해서 시끄러운 소리가 나는 공장 기계 소리 때문에 보통사람들은 귀마개를 하고 일을 해도 불편하다고 하는데 그 자리를 청각장애인들이 맡아서 일한다는 이야기를 들었습니다.

복음전도자들에게도 그러한 자부심이 있었습니다. 이 십자가가 멸망하는 자들에게는 미련한 것이지만, 구원을 얻는 이들에게는 축복인 것을 믿었기에 힘들어도, 넘어져도 다시 시작할 수 있었던 것입니다.

그렇다면, 중단해서는 안 될 일은 무엇일까요?

둘째로, 성도는 예수 믿는 것을 중단해서는 안 됩니다..

기독교의 시작은 핍박과 설움의 역사였습니다. 학창시절 중세시대를 공부할 때 속이 상하고 분노가 일어났던 적이 있었습니다. 믿는 자들이 왜 그리도 학대를 당하고, 죽임을 당했는지 그 죽인 자들을 생각하면 분노가 나고 순교한 이들을 볼 때마다 속이 상했습니다.

그러나 분명한 것은 그들에게 그러한 어려움이 있었음에도 예수 믿는 것을 포기하지 않았다는 것입니다. 왜 그렇습니까? 그분 안에 생명이 있기 때문입니다.

이런 찬양이 있습니다.

죄인들을 위하여 주님 찾아오셨네
그 안에 생명이 있네
죄인들을 위하여 주님 찾아왔으나
사람들 영접 안 했네
예수 안에 생명 있네
그 안에 생명이 있네

그렇습니다. 그 안에 생명이 있기 때문에 예수 믿는 것 때문에 어려움이 와도 포기할 수 없고, 중단할 수 없는 것이 있습니다.

우리 중에도 내 삶에 조금 문제가 있으면 교회에 나오지 않습니다. 우리는 내가 은혜 받을 때만 좋고, 내일이 잘 될 때만 좋아서는 안 됩니다. 내 삶에 기적이 나타나지 않아도, 행여나 내 기도가 응답되지 않아도 예수님이 좋다고 고백할 수 있는 멋진 하나님의 사람이 되시기를 축복합니다.

사드락과 메삭과 야벳느고와 같이 '그리 아니하실지라도' 신상에 절하지 않겠나이다. 나는 이런 것 원하지만 '그리 아니하실지라도 예수 믿는 것을 중단하지 않겠습니다.'라는 우리의 신앙고백을 주님께 드려봅시다.

일본강점기 때 친일파가 있었습니다. 같은 한국사람이면서 일본편이 되어서 그들을 도왔던 사람들, 그들은 얼마나 사람들을 괴롭히고 못살게 굴었는지 모릅니다. 그런데 어느 날 해방이 되었습니다. 그때 가장 힘들었던 사람들이 누구였겠는가? 친일파였습니다. 어쩌면 그들은 '이럴 줄 알았다면 그리하지 않았을 텐데'라고 생각했을 것입니다. 만약 우리가 여러 가지 이유로 예수 믿는 것을 중단하게 될 때 그들처럼 '이럴 줄 알았으면 잘 믿을걸' 하는 날이 올 것입니다.

여러분 힘들어도 예수 믿는 것을 중단하지 맙시다. 학생 여러분, 행여나 좋은 학교에 진학하지 못했어도, 내가 남들보다 더 잘나지 못했어도 예수 믿는 것 중단하지 맙시다.

주기철 목사님이 순교를 각오할 때 불렀던 찬양이 있습니다.

서쪽 하늘 붉은 노을 영문밖에 길이구나
주님 가신 길이오니 내가 어찌 못 가오랴
배고파도 올라가고 죽더라도 올라가세

라고 고백하면서 이겨냈습니다. 우리에게도 이런 고백이 있기를 바랍니다.

셋째로, 교회는 선교하는 일을 중단해서는 안 됩니다.
IMF 때 교회 재정이 어려워서 선교비를 중단하는 경우가 많았다고 합니다. 성도들도 재정을 줄이는 우선순위가 헌금이었다고 합니다. 우리가 선교사 돕기를 중단한다는 것은 선교를 중단하는 것과 같은 것입니다. 힘들어도 함께 감당해 나가야 합니다.

탈북자를 돕는 단체의 책 속에 기록된 "그렇기 때문에"라는 글을 소개하려고 합니다. 그 선교단체에서는 탈북자들을 한 달, 두 달 동안 있으면서 먹여주고 재워주고, 입혀주면서 부족함 없이 돌봐줍니다. 그리고 북한으로 돌아갈 때 여비와 먹을 것을 준비해서 보내고 심지어는 속옷부터 양말, 팬티까지도 해준다고 합니다.

그런데 그들은 이것을 사랑으로 느끼지 않고 '너는 있는 자니까, 당연히 우리 없는 사람들에게 베풀어야 한다.'라고 생각한다는 것입니다. 그들이 북한으로 돌아갈 때는 '선생님, 우리가 이렇게 은혜 받고, 값없이 정말 큰 사랑을 받고 가는데 미안해서 어떻게 다음에 또 옵니까? 못 오겠습니다.'라고 안 올 것처럼 이야기한다고 합니다.

그러나 그들이 돌아가고 나면 집안에 돈 될 만한 것들을 모두 챙겨서 가져가고 심지어 깊숙이 감추어 둔 비상금 등도 감쪽같이 찾아서 훔쳐간다고 합니다.

그리고 다시는 안 올 것 같이 갔던 사람들이 나중에 와서 자기가 갈 때 훔쳐가지 않은 것처럼 한다고 합니다. 그럴 때마다 '내가 지금까지 저들을 위해 무엇을 했는가? 회의감과 낙심이 생긴다고 고백합니다.

그들에게 복음을 전하고 영접기도를 시키는데 일주일정도 걸리는데 말씀을 들을 때는 눈물을 흘리면서도 그 나쁜 버릇은 고쳐지지 않는데, 그들이 다시 찾아올 때면 아는 척을 해야 하나, 모르는 척을 해야 하나 고민할 때도 있었다고 말합니다.

그러나 선교사들의 이야기는 이렇습니다. "심령이 너무 완악해져 있고, 새로운 삶을 가르쳐도 잘 변화되지 않습니다. 그렇기 때문에 우리가 이 일을 계속해야 합니다. 그럴수록 우리는 사랑이신 하나님의 모습을 보여줘야 하지요. 계속해서 말씀을 듣게 되면 그들이 새로워질 것이라는 확신이 제게 있습니다"

그들이 처음에는 그렇지만 두 번, 세 번 올 때마다 조금씩 달라진다고 합니다. 그래서 선교사들은 북한 선교를 하는 사람들이 준비해야 할 일은 인내라고 말합니다.

우리가 주목해야 할 것은 '그렇기 때문에'입니다. 부족하기 때문에 인내하면서 해야 한다는 것입니다. 만약에 중단한다면 그 일을 이루어 나갈 수 없습니다. 우리 중에 하나님의 일을 하고자 하는 사람이 있습니까? 잘되는 것만 생각한다면 누구나 할 수 있습니다. 문제는 어려움도 있다는 것입니다. 그러나 '그렇기 때문에'해야 되는 것입니다. 학생들이 바로 서는 그날을 기대하면서 포기하지 않는 것입니다.

교회는 영혼 사랑하는 일을 중단해서는 안 됩니다. 그 영혼을 위해서 교회가 존재합니다. 힘들어도 영혼을 향한 관심을 중단해서는 안 됩니다. 그가 주님 앞에 바로 설 수 있도록 도와주어야 합니다..

넷째로, 청소년들은 공부하는 것을 중단해서는 안 됩니다..

학생들은 어떠한 일이 있어도 학업을 중단하거나 포기해서는 안 됩니다. 학창시절은 집으로 표현하면 기초공사와 같은 것입니다. 기초가 튼튼하지 않으면 그 위에 보수공사를 하려고 해도 할 수가 없습니다.

저도 학창시절을 더 잘 보내지 못해서 후회하고 있는 사람 중 한 사람입니다. 어쩌면 그것 때문에 더 애절해지는지도 모르겠습니다. 지금 정신집중이 잘 안 되고, 집이 비좁아서 나만의 공부 공간이 없어도, 부모님이 팍팍 밀어주지 못해도 중단하지 마세요. 공부를 중단한다는 것은 나의 미래를 중단하는 것과도 같은 것입니다.

학창시절 부족한 저를 지도해주셨던 주현섭 전도사님이 계셨습니다. 그분은 제게 '못쓰겠다고 버리지 마시고 고쳐서 사용해주세요.'라고 기도하면서 끝까지 매달리라고 말씀해주셨습니다. 등록금 없다고 휴학하지 말고, 학교에서 그만 나오라고 할 때까지 나가라고 하셨습니다. 저는 지금도 그분의 말을 잊을 수가 없습니다.

학생들에게도 이야기합니다.

'하나님, 제가 부족하고 모자란 것 많아도 못쓰겠다고 버리지 마시고, 고쳐서 사용해주세요. 하나님이 쓰실 수 있는 사람으로 만들어서라도 사용해주세요.' 이렇게 고백하면서 공부를 중단하지 않는 믿음의 사람이 되기를 축복합니다.

여러분의 마음속에 중단하고자 하는 마음, 포기하고자 하는 마음은 사라지고 끊임없는 도전의 역사가 기록되기를 축복합니다. 오늘날 청소년들에게 도전 정신이 사라져갈 때 마음이 아픕니다.

인간의 역사는 '도전'에 의해 만들어져 왔습니다. 불가능해 보이는 목표를 향해 돌진하는 돈키호테들이 없었다면 인간의 삶은 오늘이 어제 같고 내일이 오늘 같은 무변화의 연속이었을 것입니다.

최초로 하늘을 날았던 라이트 형제, 대서양을 단독으로 비행한 린드버그, 달나라에 첫발을 디딘 암스트롱, 남극점에 도달한 노르웨이의 아문센, 에베레스트산을 정복한 영국인 힐러리. 이들은 도전함으로 쟁취했습니다. 여러분이 중단하고자 하는 마음을 포기하고 도전을 시작할 때 '나의 달려갈 길을 마치고 믿음을 지킬 수 있도록' 하나님이 도와주십니다.

결론입니다

한 아이가 초등학교 운동회날 아버지를 초청했습니다. 아버지에게 달리기에서 일 등 하는 모습을 보여주고 싶었기 때문입니다. 출발 지점에 서서 신호를 기다리고 있다가 총소리와 함께 출발했습니다. 그런데 너무 흥분한 나머지 그만 넘어지고 말았습니다. 창피하기도 하고 이럴 줄 알았으면 아버지를 오시지 말라고 할 걸 하는 마음도 생겼습니다.

그런데 아버지께서 "괜찮아 일어나야지."하면서 용기를 주셨습니다. 그래서 다시 용기를 내어 달려갔습니다. 열심히 뛰어서 따라잡아야지 하고 달리다가 그만 또 넘어지고 말았습니다.

그때 너무도 창피하고 부끄럽기도 했지만, 마음속으로 이런 생각이 들었습니다. '이럴 줄 알았으면 아까 일어나지 말걸.'하고 생각했습니다. 그런데 아버지가 또 외칩니다.

"괜찮아 일어나 아직 끝나지 않았어"

그 말씀에 다시 용기를 내어 일어납니다. 그리고 달립니다. 그런데 이게 어떻게 된 일입니까? 그만 또 넘어지고 맙니다. 이제 1등은커녕 다시는 따라잡을 수 없을 만큼 벌어졌습니다.

그런데 이번에도 아버지는 다시 일어나라고 하십니다. 아들은 꼴찌로 들어왔습니다. 비록 일등은 못했지만, 결승점에 도달한 아들을 아버지가 품에 안으면서 자랑스러워했습니다.

"일등은 못했지만, 끝까지 달려온 너를 사랑한다."

이렇게 말씀해 주셨습니다. 하나님은 나에게 1등 하라고 하시는 것이 아닙니다. 끝까지 열심히 달려가라고 말씀하시는 것입니다.

이런 찬양이 있습니다.

예수의 이름으로 나는 일어서리라
주가 주신 능력으로 나는 일어서리라
원수가 날 향해 와도 쓰러지지 않으리
주가 주신 능력으로 주가 주신 능력으로
주가 주신 능력으로 일어서리

주님은 우리가 날마다 예수 그리스도의 이름으로 일어서기를 원하십니다. 만약에 내가 중단했던 일이 있습니까? 포기했던 일이 있습니까?

다시 시작하십시오. 행여나 공부를 포기한 학생이 있습니까? 다시 시작하세요.

IMF를 맞으면서 이런 광고가 있었습니다. 우리의 아버지들 '회사에서 과장의 자리를 잃었어도, 집에서 가장의 자리를 지켜주세요.' 눈시울이 뜨거웠습니다.

하나님이 우리에게 원하시는 것은 1등이 아닙니다. 최선을 다해서 끝까지 달려가는 것입니다. 하나님은 우리가 넘어질 때마다 '일어나라고 하십니다.' 넘어져도 괜찮다고 하십니다. 일어나세요, 포기하지 마세요, 주님이 도와주십니다. 그리고 그 주님과 함께 비전을 이루기를 바랍니다.

6주. 설계도 리모델링

1. 설계도 리모델링이란?

첫째 날 만든 나의 설계도를 재점검하는 시간이다. 나의 설계도에 꼭 있어야 하는데 빠진 것은 없는지 또는 없어도 될 것이 중요한 자리를 차지하고 있지는 않은지 돌아보면서 나의 설계도를 리모델링 하는 시간이다. 조별로 원형으로 앉은 상태에서 진행한다.

① 내 설계도의 기초에 예수 그리스도가 있는지 확인하자.

사람들을 집 짓는 자로 성경은 표현하고 있다. 반석 위에 집을 짓는 사람, 모래 위에 집을 짓는 사람이 있다. 나는 어디 위에 집을 짓도록 설계했는가? 여기에서 집을 짓는다는 것은 집을 짓는 터를 말한다. 집을 지을 터가 있어야 집을 지을 수 있다. 주목할 것은 어떤 터를 정할 것이냐 하는 것이다.

우리의 터는 예수 그리스도가 되어야 한다. 예수 그리스도의 터 위에 집을 지어야 한다. 예수 그리스도가 모퉁이의 머릿돌 되어야 한다. 그리스도인은 예수 그리스도를 닮아가는 자이기 때문이다. 나의 설계도 기초를 예수 그리스도의 터 위에 두었는가? 주님을 닮아가는 생각, 하나님의 뜻을 이루어 드리고자 하는 마음으로 설계하였는가?

이 시간 조용히 묵상하면서 나는 예수 그리스도의 터 위해 설계도를 그렸는지 생각해 보자.

② 건축자는 자기 자신만을 위해서 건축하지 않는다.

나의 설계도를 살펴볼 때 나만을 위한 설계도인가? 아니면 다른 사람에게 유익함을 주는 설계도인가 생각해보자. 하나님은 사람을 창조하시면서 영광 받으시길 원하셨지만, 한편으로는 사람이 살아갈 수 있는 가장 좋은 환경을 생각하시면서 만들어 주셨다. 사람을 생각한 것이다. 노아에게 방주를 지으라 하셨을 때도 노아와 그 가족만을 위해서 수고한 것이 아니었다.

더 많은 사람들이 그곳에 오기를 기대하는 마음으로 짓도록 하신 것이다. 지금 나의 설계도를 확인하자. 하나님은 나 자신만을 위해서 살도록 허락하지 않으셨다. 나만, 나의 성공만, 내 가족만, 나의 행복만을 추구하고 있지는 않은가?

나의 설계도를 어디에 사용할 것인지 말해보자. 조원들에게 말한다.

③ 자문위원을 초청하자.

집을 혼자 지을 수 없다. 설계하고 일을 추진하는 일에는 좋은 동역자가 필요하다. 그 일을 잘 감당할 수 있는 최고의 기술자도 필요하고 자문위원도 필요하다.

- 나의 설계도를 가지고 자문을 구한다면 누구에게 할 수 있겠는가?
- 내 삶의 자문위원은 누구인가? 당대 최고의 사람들을 생각해 보라.
- 나의 동역자, 나와 함께 하면 잘할 수 있는 사람은 누구인가?

④ 발표하기 - 수정테이프, 지우개를 보여준다.

　수정테이프와 지우개를 보여주면서 설명한다.

　"이것이 무엇입니까? 수정테이프 맞습니다. 어디에 사용하는 것입니까? 수정할 때 사용하는 것입니다. 수정하기를 주저하지 마십시오. 한 번의 작업으로 설계도를 완성하는 능력도 귀한 것이지만 새롭게 발견된 것을 가지고 수정하는 것도 귀한 일입니다. 자신의 설계도를 보면서 수정해야 할 부분이 있는 사람들은 용기를 내어 앞에 나와 발표해 주시기 바랍니다."

- 앞에 나와 발표하는 사람에게 수정테이프를 선물로 준다.
- 발표한 내용에 대해 박수를 친다.
- 이제 내 주변에 자문위원 될 만한 선생님이나 친구, 부모님을 찾아 자문을 구한다.

⑤ 리모델링하자

　세계의 위인들을 살펴보면 태어날 때부터 위인이 될 만한 재능을 가지고 태어난 사람들이 아니었다.

　다른 것이 있다면 포기하지 않고 계속 시도하고, 자꾸 자기를 새롭게 고쳐가는 과정이 있었다. 자꾸 리모델링해 나간 것이다. 돌아다니면서 자문을 구하고 나의 설계도를 리모델링하자. 리모델링한 내용을 어제 전시해 놓았던 설계도에 첨부한다.

2. 나의 멘토 예수님

1) 세상을 더 사랑해요

(1) 준비하기
   ① 종이와 펜을 준비한다.
   ② 조별로 한 장의 종이를 나누어 준다.

(2) 진행하기
   ① '세상을 더 사랑해요.'는 유행하는 문화, 유행하는 가수의 노래, 개그 콘서트, 웃찾사 등을 통하여 알려진 유행어만큼 성경지식도 알고 있는지 비교해 보는 프로그램이다.
   ② 나누어 준 종이에 인터넷의 신조어와 이모티콘을 아는 만큼 쓴다. 시간을 정하여 쓰도록 한다. 3분간 쓰기.
   ③ 사회자의 지시에 따라 성경 인물을 아는 만큼 쓰기, 예수님의 열두 제자 쓰기, 열두 지파 쓰기, 팔복을 쓴다. 성령의 열매 쓰기, 성경에 나와 있는 은사에 대해서 쓰도록 한다. 3분간 쓰기.
   ④ 정해진 시간 동안 기록한 후 인터넷 신조어와 이모티콘을 기록한 숫자와 성경내용과 관계된 기록들과 비교하여 숫자 통계를 한다.
   ⑤ 성경의 내용보다 인터넷 신조어와 이모니콘을 기록한 숫자가 많으면 벌칙을 준다.

(3) 응용하기
   ① 가요의 제목과 가수의 이름을 아는 만큼 쓰기(쓰는 대로

점수 받는다.)
② 연예인의 이름 아는 대로 쓰기(쓰는 수만큼 점수를 받는다.)
③ 남자는 게임 이름, 여자는 유명 메이커나, 드라마 이름 등을 아는 대로 쓰기
④ 찬양의 제목을 아는 대로 써라(이때 작곡자나 작사자의 이름을 쓰면 보너스 점수)
⑤ CCM가수들의 이름을 쓴다.
⑥ 성경 66권의 이름을 쓴다.
⑦ 성경의 지명을 쓴다.
⑧ 성경에 일어난 기적들을 쓴다.
(사람과 기적을 모두 쓰면 보너스 점수)
⑨ 아시아 일곱 교회의 이름을 쓴다.

진행코멘트

① 일상적인 생활 속에서 늘 사용하고 있는 언어들은 금방 생각나지만 평상시에 사용하지 않는 것들에 대해서는 알고 있어도 막상 기록하려고 하면 생각나지 않는다. 나의 생활속에 습관된 언어 습관들은 어떤 것들이 있는가?
② 사람들은 명품을 좋아한다. 메이커 신발, 메이커 가방, 메이커 옷. 온몸을 메이커로 치장을 한다. 그러나 아쉬운 것은 최고의 디자이너가 만들어 주시고 아름답다 하신 우리들의 모습 속에서 우리의 혀와 언어는 메이커가 아닌 값싼 것으로 사용하고 있다. 우리의 모습을 최고의 것으로 바꾸자.

2) 깨어진 형상 회복하기

(1) 준비하기
① 깨진 거울, 은박지, 온전한 거울, A4종이를 준비한다.
② 죄로 인해 깨어진 하나님의 형상을 회복하는 길은 죄악의 길을 벗어버리고 그리스도께로 되돌아오는 길뿐임을 알게 한다.

(2) 진행하기
① 깨진 거울로 자신의 모습을 바라본다.
② 다음은 은박지로 자신의 모습을 바라본다.
③ 멀쩡한 거울로 자신의 모습 바라본다.
④ A4로 용지로 사람의 형상 찢어 만든다.
⑤ 이제 머리, 팔, 다리, 몸을 찢도록 한다.
 (신나게 찢게 될 것 이다)
⑥ 다시 붙이라고 한다.
 (한번 깨어진 형상은 이렇게 완전한 모습으로 회복 할 수 없다.)

진행코멘트
① 하나님은 우리가 깨어진 형상으로 살아가기를 원치 않으시고, 회복된 모습으로 살아가기를 원하신다. 우리의 형상을 회복시킬 수 있는 분은 하나님뿐이다.
② 창세기 1장에 '보시기에 좋았더라.'라는 말씀이 몇 번 나오는지 아는가? 찾아보자. 하나님이 보시기에 좋은 사람으로, 하나님의 형상을 회복된 사람으로 살아가자.

3) BEST 5

(1) 준비하기

    ① A4종이와 펜을 준비한다.

    ② 도미노게임이나 보드게임 젠가를 준비한다.

    ③ 많은 양의 10원짜리 동전, 혼합곡식, 은박접시, 성경구절을 준비한다.

    ④ 간단한 선물

(2) 진행하기

    ① 내가 밥을 안 먹어도, 잠을 안 자도 지루해하지 않으며 며칠 씩 할 수 있는 것 BEST 5를 기록한다.(이유까지)

    ② 내가 30초만 해도 지루하고 졸린 것 BEST 5를 기록한다.

    ③ 서로에게 발표하는 시간을 갖는다.

    ④ 발표가 끝나면 사회자가 코멘트 한다.

'내가 좋아는 하지만 나의 삶에 꼭 필요하지 않은 것도 있다. 그와 반대로 지루하고 따분하지만, 꼭 해야만 하는 것, 하지 않으면 안되는 것도 있다. 그중에 한 가지가 성경읽기이다. 성경 읽는 것을 많이 힘들어하지만, 성경은 우리를 생명의 길로 인도한다. 유혹 앞에서도 말씀으로 이기게 한다. 성경의 사람은 절대로 망하지 않음을 알게 한다.

(3) Mission

    ① 제한 시간 내 성경구절 외우기.

       (간단한 성경구절을 제시해 준다.)

② 이때 젠가나 도미노를 쌓으면서 성경구절을 외어야 한다.
③ 또는 동전을 높이 쌓거나 동전 숫자를 세거나 분류하고 숫자 세기를 하면서 외운다.
④ 가장 잘 진행한 조나 개인에게 성경책을 선물로 준다.
⑤ 조 전체가 한목소리로 외워야 한다. 한 사람이라도 못 외워서는 안 된다.

4) 영적 전투 사단과의 한판승

(1) 준비하기
① 송판이나 나무젓가락, 풍선, 종이, 펜, 테이프를 준비한다.
② 큰 오뚝이 인형과 권투 글러브를 준비한다.
③ 풍선과 자신의 죄를 적을 수 있는 종이를 준비한다. 종이를 원으로 오려서 오뚝이에 붙인다.

(2) 진행하기
① 이 게임을 하기 전 찬양 '로마서 16:19'을 부른다.
② 자신의 죄, 사단을 써 놓은 송판이나 나무젓가락을 부순다.

③ 커다란 오뚝이를 준비한다. (그곳에 죄와 사단을 써서 붙인다.)
④ 권투 글러브를 끼고 열심히 때린다.
⑤ 풍선에 죄를 써 붙이고, 사단을 써 붙이고 발로 밟아 터트린다.

진행코멘트

하나님께서는 사단에게 일시적인 권세만 주셨다. 그러나 앞으로 하나님이 정하신 시간이 되면 그 권한을 사용할 수 없게 된다.

하나님은 예수 그리스도로 인하여 최후 승리를 우리에게 경험시켜 주실 것이다. 우리에게 이김을 주신 주님께 감사하면서 세상의 권세와 유혹으로 우리에게 도전해 오는 사단의 세력을 말씀으로 물리치자.

5) 영적 전투 세상과의 한판승

(1) 준비하기

① 두 가지 색깔의 볼 풀 공을 준비한다. (인원수에 알맞게)
② 영적 전투 프로그램은 우리 안에 끊임없이 일어나는 사탄과 싸움에서 승리해야 함을 활동을 통해 깨닫게 해 준다.

(2) 진행하기

① 2조씩 영적 전쟁을 시작한다.
② 각 조원은 볼 풀 공을 두 개씩 잡는다. 색깔을 구분한다. (A팀은 노란색, B팀은 파란색).
③ 자기 조에서 사령관을 선출한다.

④ 자신이 가진 공을 상대방에게 던져 맞추어 퇴장을 시키면 된다.
⑤ 이때 자기 조 진영으로 넘어온 공은 다시 사용할 수 있다. 이때 자신의 조에게 주어진 색깔의 공만 사용할 수 있다.
⑥ 최고 사령관을 맞추거나 조원이 모두 퇴장당하면 게임은 끝난다.
⑦ 두 조의 공이 하나도 남지 않았는데 사람들이 많이 있으면 최고 사령관이 휴전을 요청할 수 있으며 휴전이 성사되면 서로의 공을 다시 가지고 와 처음처럼 시작할 수 있다.

진행코멘트

전투에는 전술이 필요하고 상대팀과 우리 팀의 전력을 파악해야 된다. 아무 계획도 방법도 없이 전투하는 사령관은 없을 것이다. 우리의 앞에서 영적 전투를 지휘하고 인도하시는 총사령관은 예수 그리스도이시다.

전투는 이기기 위해서 하는 것이다. 공격을 시작했다면 이겨야 한다. 방어를 했다면 막아내야 한다. 하나님이 우리를 지켜주시기 때문에 우리는 아무것도 하지 않는다고 생각한다면 큰 착각을 하고 있는 것이다. 우리의 사령관 되시는 예수 그리스도께서 사용하실 수 있는 군사가 되기 위해 훈련하고 있어야 한다. 언제 부르시든지 즉각 나갈 수 있는 훈련된 용사로 준비되기를 바란다.

6) 영적 전투 자신과의 한판승

(1) 준비하기
① 풍선, 끈, 선물, 점수가 기록된 쪽지(+,- 점수)선물이 적혀 있는 쪽지와 꽝이 적혀있는 쪽지를 준비한다.
② 종이 앞면에 예수님과 사단이라고 적는다.
③ 예수님, 사단, 선물이라는 글자가 위로 오게 접어야 한다.
④ 종이 뒷면에는 +점수, -점수, 선물이 적혀 있다.
⑤ 예수님이 쓰여 있는 종이에는 + 점수와 선물을 사단에는 - 점수와 벌칙에는 꽝과 선물을 적는다.

예)

예수님 +100점	사단 -50점

(2) 진행하기
① 풍선을 불기 전에 선물의 내용이 적힌 종이와 점수가 적힌종이를넣는다.
② 준비된 풍선을 끈에 매달아 놓는다.
③ 한 사람당 한 개의 풍선을 가질 수 있다.
④ 각 조의 대표들이 나와서 간단한 게임으로 순서를 정한다.
(가위, 바위, 보 또는 풍선 불어 멀리 던지기, 주사위 굴리

기 등)
⑤ 이긴 대표는 자신이 원하는 대로 할 수 있다.
⑥ 다른 조의 한 사람을 불러 그 사람의 풍선을 터트릴 수 있다. 여기서 나온 종이를 자기 조가 가질 수도 있고 다른 조에게 줄 수도 있다. 이때 점수나 자기 조에 불리한 지령이 있을 수 있음을 생각해야 한다.
⑦ 또한, 이긴 대표는 다른 조를 불러 전쟁을 선포할 수 있다.
⑧ 전쟁은 각 조의 모든 조원이 나와 풍선을 서로 밟아 터드리는 것이다. 이때 풍선에서 나오는 종이는 한 사람당 하나만 가질 수 있다.

진행코멘트
① 영적 전투는 사단과 한판승, 세상과 한판승, 그리고 자신과의 한판승에서 이겨야 한다..
② 최후 승리자가 되길 원한다면 자신과의 싸움에서 한판승 해야 된다. 우리가 가는 길은 늘 자기와의 싸움이 있다. 그러한 과정을 통과하지 않고는 아름다운 설계에 도달하지 못하게 될 것이다. 고난을 통해 아름답게 설계될 우리의 가는 길을 막는 사단과 세상과 자신의 속 사람에 대해 멋지게 한판승하라.

7) 나의 멘토가 되시는 예수님

(1) 준비하기
① 내 소지품, 방석, 이불
② 조별 원형으로 앉게 한다.

③ 조별 대항 형식으로 진행한다.

(2) 진행하기
① 각 조원 중 한 사람을 선발해 원 안에 들어가 눕도록 한다.
② 사회자의 신호와 함께 수단과 방법을 가리지 말고 주변의 있는 것을 동원해 그 사람의 몸을 완전히 덮어 주어야 한다. 단, 이불은 사용할 수 없다. 먼저 다 덮어주는 조가 승리한다.
③ 사회자는 먼저 덮은 조부터 완전히 덮었는지 보이는 곳은 없는지 확인한다.
④ 이와 같은 방법으로 진행하되 원 안에 누워있는 사람들의 수를 늘려간다.
⑤ 최종적으로 1명이 남아 모든 조원을 덮어 주도록 한다. 이 때는 이불을 한 개정도 쓸 수 있다.

진행코멘트

　진정한 멘토의 조건은 서로의 허물까지도 덮어 줄 수 있어야 한다. 대부분의 사람들은 좋을 때는 함께 하지만 불편할 때는 멀리한다. 나에게 유익이 될 때는 가까이해도 해가 된다고 생각되면 만나기를 꺼린다. 멘토는 그를 진정으로 사랑해줄 수 있어야 하고, 멘토를 닮아가고자 하는 자의 본이 되어야 한다.
　여기 우리들의 진정한 멘토 되시는 예수 그리스도가 계신다. 예수 그리스도는 우리의 실수를 용납하실 뿐 아니라 다시 시작할 수 있도록 기회를 주시는 분이시다. 나의 설계도, 나의 계획, 내가 살아온 길. 혹시 잘못되었다 할지라도 우리의 멘토 되시는 예수 그리스도를 만나는 순간 우리의 모든 것은 변할 수 있다. 예수 그리스도께서 친히 인도해 주시기 때문이다.

3. 비전도서 – 예수님이라면 어떻게 하셨을까?

한 주간 동안 찰스 M 쉘던의 '예수님이라면 어떻게 하셨을까?'를 읽거나, 인터넷으로 조회한다.

이 책은 고되지만 옳은 길을 걷고자 하는 사람들의 이야기가 담겨있다. 삶의 기준이 "예수님"이며 모든 행동과 삶을 그분 중심으로 한다. 또한 "예수님이라면 어떻게 하셨을까?"라는 질문을 안고 살기 시작한 순간부터 사람들의 행동과 삶에 변화가 찾아온다.

① 읽으면서 감명 깊었던 내용을 정리하여 SMS에 글을 올린다. (페이스북, 카카오스토리)
② 내게 영향력을 주었던 그림이나 글을 한 줄 문장으로 표시해둔다.
③ 나의 비전과 관계된 인물이나, 사건, 신문 기사들을 스크랩 한다.
④ 비전과 관계된 책을 읽고 자료를 모으라.
⑤ 비전을 위한 묵상 기도시간을 갖는다. '기도하는 사람이 세상을 움직인다.'

7주. 성공자의 성품 만들기

설교자료 3

이 마음을 품을 수 있나요?

본문 : 빌립보서 2:1-11

"우리는 종종 '생긴 대로 놀고 있네~' '생긴 대로 살아야지~'라는 말을 합니다. 그러나 우리 그리스도인은 생긴 대로 살아서는 안 됩니다. 우리는 예수님을 닮아가며 살아야 합니다. 생긴 대로 산다면 그 사람은 동물과 같은 것입니다.

우리는 생긴 대로 사는 것이 아니라 예수님을 닮아가며 살아야 합니다. 나의 성격과 기질들을 주님 앞에 내려놓고, 나의 부족한 점들을 하나님의 통제 아래에 내려놓고 사도 바울과 같이 '나는 날마다 죽노라.' 하면서 자신을 통제하는 삶을 살아가야 합니다..

첫째로, 우리는 먼저 예수님의 마음을 품고 살아야 합니다..

바울 사도는 분을 품지 말고, 칼을 품지 말고, 한을 품지 말고, 예수님의 마음을 품으라고 합니다. 빌립보서 2장 5절에 보면 '너희 안에 이 마음을 품으라 곧 그리스도 예수의 마음이니'라고 말합니다. 예수님의 마음은 어떤 마음일까요? 온유하고 겸손한 마음입니다. '나는 마음이 온유하고 겸손하니 나의 멍에를 메고 내게 배우라 그러면 너희 마음이 쉼을 얻으리니'(마 11:29)라고 말씀합니다.

진정한 마음의 안식은 예수님의 온유하고 겸손한 마음을 품는 것입니다. 사람들을 향해서 한을 품고, 분노를 품는 마음에는 안식이 없습니다. 경쟁하는 마음, 질투하는 마음, 싸우는 마음, 시기하는 마음에는 안식이 없습니다. 진정한 안식은 온유함에 있습니다. 그런데 온유한 마음은 우연히 되는 것이 아닙니다. 신앙생활을 오래하면 되는 것도 아닙니다. 자신을 훈련함으로 되어지는 것입니다.

예수님의 마음을 품으려고 훈련하고 있습니까? 우리는 예수님의 마음을 품고자 하는 마음의 소원을 가져야 합니다. 그냥 소원이 아니라 불타는 소원을 가져야 합니다. 마음의 소원을 갖는다는 의미를 아십니까?

"라헬이 자기가 야곱에게 아들을 낳지 못함을 보고 그 형을 투기하여 야곱에게 이르되 나로 자식을 낳게 하라 그렇지 아니하면 내가 죽겠노라."라고 말합니다. 소원을 성취하지 못하면 죽겠다는 마음이 불타는 소원을 가진 자의 마음인 것입니다(창세기 30:1).

"하물며 하나님께서 그 밤낮 부르짖는 택하신 자들의 원한을 풀어주지 아니하시겠느냐 저희에게 오래 참으시겠느냐?"(누가복음 18:7)

한 맺힌 과부의 소원을 표시한 말씀입니다. 눈을 감으나 뜨나, 밤이나 낮이나 하나님께 부르짖을 수밖에 없는 소원을 가진 적이 있습니까? 마음의 소원을 가진다는 것은 그런 것입니다. 예수의 마음을 품는 일에 있어서 우리가 그 정도의 소원이 있습니까? 나 자신에게 질문해 보기를 바랍니다.

둘째로, 예수님의 마음은 온유한 마음입니다

'그가 곤욕을 당하여 괴로울 때에도 그 입을 열지 아니하였음이여 마치 도수 장으로 끌려가는 어린 양과 털 깎는 자 앞에 잠잠한 양같이 그 입을 열지 아니하였도다'(사 53:7)

솔직히 저는 나에 대해서 싫은 소리 들으면 변명하고 싶은 사람입니다. '저 그런 사람 아닙니다. 제가 그러지 않았습니다.'

그런데 빌라도 법정에 서 계신 예수님은 침묵하셨다는 말씀을 묵상했을 때 부끄러웠습니다. 예수님 얼굴에 침 뱉고, 예수님의 얼굴을 가리우고 때리면서 누가 너를 때리는지 알아맞혀 보라고 했습니다. 그런데 침묵하셨습니다. 부족하지만 깨달아집니다. 침묵의 힘. 그 진실의 힘이 깨달아집니다. 그 예수님을 보고 계시는 하나님의 모습이 그려집니다. 그리고 때리는 그들이 불쌍하게 느껴졌습니다.

어느 학교에서 있었던 일입니다. 반마다 특색 있는 좋은 일을 한 가지씩 하기로 했는데 한 반은 노란색 리본에 파란 글씨로 '좌석은 노인에게'라는 고무도장을 찍어서 가슴팍에 달고 다니기로 했습니다. 그 운동에 대해서 칭찬과 반성의 시간이 있었습니다.

한 학생은 이런 보고를 했습니다. 어느 날 버스를 탔는데 노인 한 분이 서 있었고 그 앞좌석에 학생이 태연히 앉아있더라는 것입니다. 어떻게 저럴 수 있나 싶어서 사람들 틈을 비집고 그 학생 앞으로 다가서서 노란색 리본을 보이게 했는데 앉았던 학생이 그 표지를 보는 수간 당황, 짜증, 원망 등이 섞인 미묘한 표정을 지었습니다.

잠시 후 그 학생이 버스에서 내리는데, 양 겨드랑이에 목발을 끼고 다른 사람의 부축을 받으며 불안스럽게 걸어가는 것을 보게 되었습니다. 그는 착잡한 심정으로 그를 이해하지 못한 것을 반성했습니다. 오늘날 얼마나 많은 사람들이 좋은 일을 한다고 율법 리본을 달고 다니면서 생활에 시달린 분들에게 상처를 주는지 모릅니다. 다른 사람의 깊은 속내를 알지 못하면서 내 잣대로만 모든 것을 재고, 그 틀에 억지로 끼워 맞추려 하지 않았는지 돌아보아야 합니다.

온유한 마음은 나 자신에게는 틀에 매이게 할지라도 다른 사람에게는 관용할 수 있는 마음입니다.

셋째로, 예수님은 사람의 모양으로 오셨다고 하십니다

"그는 근본 하나님의 본체 시나 하나님과 동등 됨을 취할 것으로 여기지 아니하시고 오히려 자기를 비어 종의 형체를 가져 사람들과 같이 되었고 사람의 모양으로 나타나셨으니 곧 십자가에 죽으심이라"(빌 2:6-8) 라고 하셨습니다.

드라마 속의 배우들을 보면 거지로, 식모로, 바보로, 조금 모자란 사람으로 나오는 사람들이 있습니다. 그렇다면 그들이 실제로 거지고, 식모고, 바보고, 모자란 사람입니까? 아닙니다. 그 사람이 맡은 역할 때문입니다. 그가 본래는 그렇지 않고 멋있는 사람이지만 이번 드라마에서 그의 역할이 거지인 것입니다..

예수님에 대해서도 그렇게 말씀하고 있습니다.

"그는 근본 하나님의 본체 시나" 이것은 그분은 하나님이시지만 사람과 같이 되었고, 사람의 모양으로 오셨고, 죽으셨다고 말씀하고 있는 것입니다. 다시 말하면 예수님은 하나님이시지만 이 땅에서 예수님의 역할이 십자가를 지시고, 낮아지고, 죽으시는 역할을 하신 것입니다.

예수님은 타락한 천사가 아닙니다. 모든 것을 다 누릴 수 있는 분이셨지만 모든 것을 포기하셨던 분이십니다. 하나님이 그 역할을 하신 것입니다. "빛이 어두움에 비취되 어두움이 깨닫지 못하더라"(요한복음 1:5)

무슨 말입니까? 빛이 왔지만, 우리가 너무 어두워서 깨닫지 못했다는 것입니다. 어리석은 사람들은 예수님을 실패자라고 얘기합니다. 죄인이라고 말합니다. 신성모독죄를 지었다는 것입니다. 네가 정말 유대인의 왕이냐고 조롱합니다.

신학교 때 참 은혜를 입은 찬양이 있었습니다.

> 우리의 어두운 눈이 그를 미워했고,
> 우리의 캄캄한 마음이 그를 몰랐으며,
> 우리의 무지한 채찍으로 그를 내리쳤고,
> 우리의 악독한 혀가 그를 정죄했으며,
> 우리의 폭력의 손길이 그 몸 멍들게 때렸으며
> 살인자를 본받아 우리는 그를 찔렀소

이렇게 무지한 것만으로도 죄송한데 가사가 이어집니다.

> 우리는 그를 죽였지만, 우리는 그를 죽였지만
> 그는 살아나셨고, 우리의 악함을 고치셨소

그렇습니다. 우리는 무지해서 예수님을 죽였지만, 예수님은 우리를 회복시켜 주셨습니다. 이것이 예수님의 마음입니다. 그 예수님의 마음이 내게 있습니까? 또 이런 찬양이 있습니다.

> 낮엔 해처럼 밤엔 달처럼 그렇게 살 수 없을까?
> 남을 위하여 당신들의 온몸을 온전히 버리셨던 것처럼
> 나의 일생의 꿈이 있다면 이 땅에 빛과 소금 되어
> 가난한 영혼 지친 영혼을 주님께 인도하고 푼데 ~

나는 어떤 꿈을 꾸며 살아가고 있습니까? 무엇을 이루며 살아가고 싶습니까? 나의 진정한 꿈은 무엇입니까? 우리는 먼저 예수님의 마음을 품고 그분처럼 살아가는 것이 되어야 합니다. 우리의 살아가는 모습이 예수님을 닮아가야 합니다. 나의 봉사하는 생활이, 섬기는 생활이, 이웃을 향한 생활이, 하나님을 향한 생활이 예수님을 닮아가야 합니다.

모든 삶의 부분에 예수님이 어떻게 생활하셨는가 고민하면서 생활해야 합니다.

비전캠프·수련회 기간동안 이렇게 고백했으면 좋겠습니다.

찬송 507장에 소개된 가사와 같이 '하나님 제가 인생의 환란과 풍파와 시험을 이기는 것은 십자가 고난을 이겨내신 주님의 마음을 본받았기 때문입니다. 일평생 주님의 마음 본받아 살면서 그 거룩하심 저도 이루게 해주세요.' 이렇게 고백할 수 있는 꿈쟁이가 되시기를 축복합니다.

2. 성공자의 성품 프로젝트

미국을 대표하는 지성의 한 사람 벤자민 프랭클린은 습관이 행동을 지배하고, 그 행동이 성품을 지배한다는 사실을 알고 13개의 덕목을 만들고 그것을 매일매일 점검함으로써 습관화시켰다는 것이다. 벤자민 프랭클린의 성품 만들기 덕목을 살펴보면서 나는 성공자의 성품을 가졌는지, 아니면 실패자의 성품을 가졌는지를 점검하고, 개선해 나갈 수 있도록 돕는 프로그램이다.

(1) 진행하기

벤자민 프랭클린의 13가지 덕목을 기록 '성공자의 성품 만들기' 부분을 참고한다. 사회자는 아래와 같이 말한다.

"벤자민은 이 13가지 덕목을 철저히 습성화하고자 아이디어를 냈습니다. 그것은 매일매일 자신이 이 덕목들을 얼마나 잘 지켰는지 작은 수첩에 표를 만들어 체크하는 것이었습니다. 그럼 이제 우리가 매일 매일은 아니지만 지금 이 시간에는 벤자민이 이야기한 덕목 중 내가 하고 있는 것은 얼마나 되는지 살펴보면서 기록해보겠습니다. 기록하는 방법은 다음과 같습니다"

- 내가 지키고 있다고 생각하면   (   )
- 잘 지키지 못하고 있다고 생각하면   (   )
- 앞으로 그렇게 해보고 싶다고 생각되면 (   )
- 이것 외에도 내가 추가하고 싶은 것이 있으면 추가해도 좋다.
- 그리고 기록하는 표현은 (   )란에 내가 표현하고 싶은 대로 멋지게 꾸며보자.
- 기록이 끝나면 조원들끼리 발표하는 시간을 가진다.

(2) 발표하기

발표하기는 조원들끼리 발표하는 것을 의미하는 것이 아니고, 조원들이 표시한 13가지의 덕목을 조장이 정리한다.

그중에서 우리가 잘하고 있거나, 앞으로 잘하고 싶은 것 5가지를 선택한다. 선택하는 방법은 '가장 잘 하고 있는 표시'가 가장 많이 나온 것을 중심으로 정리한다. 정리가 되었으면 조원들이 합심해서 암송하는데 방법은 다음과 같다.

뽑은 5가지가 '절제, 과묵, 질서, 결단, 검약'이라면 조원들이 똑같은 목소리로 다음과 같이 발표한다.

〈벤자민 프랭클린의 13가지 덕목〉	
성 품	내용 현재( ) 미래( )
절 제	과음 과식을 하지않는다
과 묵	불필요한 말을 하지 않는다
질 서	모든 것을 제자리에 두고, 주어진 일을 제때에 한다
결 단	내가 해야할 일은 꼭 하겠다고 결심하고, 반드시 실천한다
검 약	다른 사람 혹은 나에게 유익한 것 외에는 돈을 쓰지 않는다
근 면	시간을 헛되이 보내지 않고, 항상 유익한 일만 하며, 불필요한 행동 역시 삼간다
정 의	다른 사람에게 손해를 입히지 않고 나의 유익함도 놓치지 않는다
온 유	극단적인 것을 피한다
청 결	몸, 의복, 생활을 깨끗하게 한다.
평상심	사소한 일로 마음을 흩트리지 않는다
순 결	건강이나 후손을 두는 목적 이외의 성생활은 절제하며 자신과 상대방의 인격을 해치지 않는 범위에서 유지한다
겸 손	예수을 본받는다.

· 절 제 – 과음과식을 하지 않는다.

· 과 묵 – 불필요한 말을 하지 않는다.

· 질 서 – 모든 것을 제자리에 두고, 주어진 일을 제때에 한다.

· 결 단 – 내가 할 일은 꼭 하겠다고 결심하고 반드시 실천한다.

· 검 약 – 다른 사람 혹은 내게 유익한 것 외에는 돈을 쓰지 않는다.

이렇게 다섯 가지를 틀리지 않고 조원들이 한목소리로 발표해야 한다.

만약 발표할 때 틀렸다면 1회는 은혜로 봐주고, 2회부터는 가벼운 벌칙을 주어서 통과할 때까지 시킨다. 먼저 암송한 조부터 발표를 시키는데, 1조가 첫 번째 암송에 실패하면, 다시 외울 기회를 주고, 다 암송했다고 말하는 조에게 기회를 준다.

(3) 사회자의 은혜 멘트

벤자민은 자신이 만든 13가지 덕목을 수첩에 표를 만들어 체크했다. 표의 가로축에는 요일을, 표의 세로축은 13가지 덕목을 기록했다. 가로와 세로가 교차하는 각 칸에 그날 덕목을 잘 지키지 못했다고 판단되면 검은 점을 그려 놓았다.

그리고 일주일 단위로 보다 집중적으로 지킬 덕목도 정해서 그것을 습관화하려고 노력했다.

그것을 1년 동안 계속하다 보니, 어느덧 각 덕목을 적어도 4회씩 집중적으로 습관화한 셈이 되었다.

시간이 지나면서 점이 줄어들었고, 그것을 확인할 때마다 벤자민은 마치 인품의 검은 점이 줄어드는 것 같은 기쁨을 느낄 수 있었다.

물론 처음에는 천성적인 기질을 극복하기 어려웠다. 그러나 이와 같은 습관화 훈련을 평생 계속한 결과 50년이 지난 후 13가지 덕목이 어느덧 자연스럽게 그의 성품이 되었다.

3. 비전도서 – 성공하는 리더의 9가지 성품

한 주간 동안 인터넷을 통해서 검색하거나, 기독교 서점을 방문하여 책을 살펴본다.

'성공하는 리더의 9가지 성품' 제프 아이오그 저, 요단출판
① 책을 들고 인증 샷을 한 후 지도교사와 조원들에게 전송한다.
② 목차에 나오는 각 장의 제목을 카드로 만들어 나의 비전파일에 정리해둔다.

    1장. 그리스도를 닮은 성품으로 자라가기
    2장. 하나님의 말씀에 정직하게 반응하기
    3장. 하나님 안에서 안정감 누리기
    4장. 예수님의 순결함 닮기
    5장. 하나님의 시선으로 겸손해지기
    6장. 예수님의 마음으로 섬기기
    7장. 말씀과 기도로 지혜 얻기
    8장. 하나님 앞에서 자율적으로 살기
    9장. 하나님의 사랑 안에서 용기 내기
    10장. 하나님의 사랑으로 열정 지속하기
    11장. 예수님의 성품으로 나아가기

③ 좋은 성품과 관계된 인물이나, 사건, 신문 기사들을 스크랩하기.
④ 성품과 관련된 책을 읽거나 자료를 찾아보기.
⑤ 좋은 성품을 위해 기도시간을 갖는다. '좋은 성품의 사람이 세상을 움직인다.'

8주. 비전을 찾아 떠나는 성지 순례여행

예수님의 비전은 하나님을 영화롭게 하는 것이었다.

"예수께서 이 말씀을 하시고 눈을 들어 하늘을 우러러 이르시되 아버지여 때가 이르렀사오니 아버지여 아들을 영화롭게 하사 아들로 아버지를 영화롭게 하옵소서"(요 17:1)

예수님의 생애는 하나님을 영화롭게 하는 비전을 이루는 생애였다. 그렇다면 우리의 비전은 무엇이 되어야 할까? 우리 역시 예수님과 다르지 않다.

"먹든지 마시든지 무엇을 하든지 다 하나님의 영광을 위하여 하라"(고전 10:31)

오늘은 예수님의 비전을 따라 아버지의 뜻을 이루어 드리기 위해 순교자의 삶을 살아갔던 이들의 발자취 속에서 비전을 발견해보자.

1) 국내 성지 4곳을 4팀으로 구성해서 방문한다.
2) 방문하는 곳은 제비뽑기를 통해 선택하게 하고, 조장을 중심으로 기도하면서 찾아가는 길을 연구한다.
3) 미션을 수행하면서 진행하게 되지만, 개별적으로 스스로에게

한 가지 이상씩 미션을 주어 수행해보도록 한다.

4) 팀원들은 연구, 기록, 촬영, 사진, 기행문 등 각자의 역할을 정해서 진행한다.

5) 다녀와서는 보고하는 시간을 갖는다.

1 코스. 양화진 외국인 묘지

서울 합정동 소재. 양화진은 옛날 군사기지 겸 강을 건너는 나루터였다. 한강 쪽은 천주교 성지인 절두산, 북쪽은 개신교 외국인묘지가 됐다.

19세기 후반 우리나라에 들어온 개신교 선교사 상당수가 묻힌 곳이다. 언더우드 목사의 부인인 홀트 여사와 2세 원한경 부부, 아펜젤러 2세, 베델 등이 묻혀 있다 .

사이트 (http://www.yanghwajin.net/, http://www.yanghwajin.co.kr/)

미션 1 : 입구에서 전체 사진 찍기

미션 2 : 선교사들의 이름과 그들이 한국에서 행했던 유명한 대표적 사역 5가지를 외운다.

(본부로 돌아왔을 때 조원 아무나 지명해서 선교사들의 이름과 사역을 말하게 한다)

미션 3 : 기독성지순례 신문 만들기(해당 장소에서 나누어 주는 자료나 자신들이 찍은 사진과 그곳에서 보고 들은 내용을 바탕으로 A3 종이에 신문을 만든다.) 이때 자신들이 그 장소에 가기 전 생각하고 가졌던 마음과 다녀오고 나서의 생각과 마음에 대해서 적도록 한다. 그리고 앞으로 예수 믿는 학생들로서 갖게 된 다짐에 대해서도 적어보도록 한다.

(미션3은 교회에 돌아와서 작성한다.)

2 코스. 한국 기독교 순교자 기념관, 소래 교회

한국기독교 순교자기념관은 경기도 용인시 양지에 있다. 순교신앙의 전승, 순교 사료의 보존, 기독교 문화예술 전시, 순교자 유족 복지 증진 등 4대 목적을 가지고 한국선교 100주년 기념해 인 1989년 세워졌다. 성경 돌비와 순교자 기념 시비들이 세워져 있고 순교자 300인의 초상화와 유물이 전시돼 있다. 대한민국 건축상을 수상한 건축물이다.

주소 : 경기 용인시 처인구 양지면 추계리 84-1

소래 교회는 순교자기념관 가는 길에 총신대 신학대학원에 들르면 1988년 복원한 소래 교회를 볼 수 있다. 소래 교회는 한국 최초의 교회로 1883년 황해도 장연군 송천에서 첫 예배를 드렸다. 매킨타이어 선교사의 도움으로 만주에서 목숨을 건진 서상륜이 동생 서경조와 함께 세운 교회로 알려져 있다. 언더우드와 아펜젤러 선교사가 입국해 놀랐던 것은 이들 때문이었다. 서경조는 한국인 최초로 목사 안수를 받았다.

미션 1 : 입구에서 전체 사진 찍기

미션 2 : 한국에 온 선교사들 중 최초로 순교 당한 순교자의 이름을 알고, 소래 교회의 역사를 익힌다.

미션 3 : 기독성지순례 신문 만들기(해당 장소에서 나누어 주는 자료나 자신들이 찍은 사진과 그곳에서 보고 들은 내용을 바탕으로 A3 종이에 신문을 만든다.) 이때 자신들이 그 장소에 가기 전 생각하고 가졌던 마음과 다녀오고 나서의 생각과 마음에 대해서 적도록 한다. 그리고 앞으로 예수 믿는 학생들로서 갖게 된 다짐에 대해서도 적어보도록 한다.

3 코스. 제암교회

제암교회는 경기도 화성시 제암리에 자리 잡고 있다. 3·1운동 당시 일제 헌병들이 제암교회 15세 이상 교인 21명을 교회에 감금, 출입문을 봉쇄하고 불을 지르고 나서 무차별 사격을 가해 모두 살해했다. 이어 일본 헌병들은 제암리 가옥 32채를 불태웠다. 3·1운동 순국기념탑과 기념관이 건립돼 있다.

미션 1 : 입구에서 만세를 부르며 전체 사진 찍기
미션 2 : 3.1 운동이 무엇인지 알아보고, 왜 제암리 교회 성도들이 학살을 당했는지 알아본다.
미션 3 : 기독성지순례 신문 만들기(해당 장소에서 나누어 주는 자료나 자신들이 찍은 사진과 그곳에서 보고 들은 내용을 바탕으로 A3 종이에 신문을 만든다.) 이때 자신들이 그 장소에 가기 전 생각하고 가졌던 마음과 다녀오고 나서의 생각과 마음에 대해서 적도록 한다. 그리고 앞으로 예수 믿는 학생들로서 갖게 된 다짐에 대해서도 적어보도록 한다.

4 코스. 한국기독교역사박물관

한국기독교역사박물관은 1955년 "한국 기독교 문화 창달"이라는 목적을 갖고 설립된 기독교 문사에 뿌리를 두고 있다.

초교파적 문서 선교 기관으로 설립된 기독교 문사는 1985년 한국 기독교 선교 100주년을 기념하여 편찬한 "기독교대백과사전" 전 16권을 비롯하여 다양한 기독교 양서들을 출판하였으며, 그 과정에서 한국 교회의 신앙·역사·문화와 관련된 10만여 점의 귀중 자료를 수집하게 되었다.

여기에 한국기독교역사박물관의 설립자인 향산 한영제 장로는 이 자료들이 학계와 교계에 연구 자료로 사용될 수 있도록 "향산기독교문화연구원"을 설립했으며, 2001년 11월 11일, 일반인에게도 그 기회의 폭을 넓히기 위하여 경기도 이천에 본 박물관을 설립하였다.

2007년 평양 대부흥 운동 100주년을 맞아 현 부지 내에 "평양 장대현 교회"를 축소 복원하여 관람객들이 초대교회 신앙 회복과 문화를 체험할 수 있도록 기회를 제공하고 있다.

사이트 (http://www.yanghwajin.co.kr)

미션 1 : 입구에서 전체 사진 찍기

미션 2 : 한국 최초의 목사님과 파송 선교사님의 성함을 알아보고, 최초의 한글 성경을 사진으로 찍어 보고한다.

미션 3 : 기독성지순례 신문 만들기(해당 장소에서 나누어 주는 자료나 자신들이 찍은 사진과 그곳에서 보고 들은 내용을 바탕으로 A3 종이에 신문을 만든다.) 이때 자신들이 그 장소에 가기 전 생각하고 가졌던 마음과 다녀오고 나서의 생각과 마음에 대해서 적도록 한다. 그리고 앞으로 예수 믿는 학생들로서 갖게 된 다짐에 대해서도 적어보도록 한다.

9주. 장애물 뛰어넘기

1. 비전특강 '이런 함정을 조심하라'

비전특강은 특별한 시간을 정해서 진행하는 특강이 아니다. 프로그램 속에 자연스럽게 젖어들 수 있도록 연결된 특강으로 자칫 지루하기 쉬운 시간을 짧고, 간결하게 프로그램과 연결하면서 전달하기 때문에 참여하는 사람들의 시선을 집중시키면서 교육할 수 있는 좋은 방법이다.

성공한 사람들은 남다른 습관과 노력이 있었다. 나는 가끔 이런 상상을 한다.

"성공했으면서도 성품이 좋은 사람이라면 얼마나 좋을까?"

아마도 이렇게 생각하는 것은 성공한 사람들 중 좋은 성품을 가진 자가 그리 많지 않기 때문일지도 모르겠다.

그러나 이 시간에 우리가 알고자 하는 것은 비전을 가지고 나가는 사람들에게 여러 가지 함정이 있는데 그것을 극복하기 위한 몇 가지 비결을 공개하는 것이다.

가능하면 프로젝터나 OHP를 사용해 제목을 보여주면서 진행한다면 교육의 효과를 높일 수 있다.

1. 난! 무능해 !

비전을 가졌지만, 자꾸만 내 안에 "난 무능해", "난 안돼", "그 일은 내게 너무 벅차", "나보다 잘하는 사람들이 훨씬 많아", "나는 보잘 것없는 집안 출신이야" 이런 생각은 비전을 향해 가는 내게 장애물이 된다.

하나님은 모세에게 이스라엘 백성들을 이끌고 나오라는 명령을 받았지만 "나는 말에 능숙하지 못하고, 입이 뻣뻣하고 혀가 둔한 사람이다." 라고 약한 모습을 보인다. 그러나 하나님은 "누가 사람의 입을 지었느냐?" 말씀하시면서 그 일을 성취하신다.

사무엘이 사울을 왕으로 세우려 할 때, 사울은 "나는 이스라엘 지파의 가장 작은 지파인 베냐민 사람이며, 나의 가족은 베냐민 지파 모든 가족 중에 가장 미약하지 아니하니이까? 당신이 어찌하여 내게 이같이 말씀하시나이까"라고 반문하였다. 그러나 하나님은 그를 이스라엘의 초대 왕으로 세우셨다. 성공은 나를 보는 것이 아니라 나를 사용하시는 하나님을 보는 것이다.

2. 네가 뭔데!

누군가 나에 대해 비난의 소리를 하거나, 인터넷에 나를 비방하는 글을 올리면 나도 모르게 남을 의식하게 되고 위축되기 싶다. 하나님이 모세를 지도자로 세우셨지만 어느 날 미리암과 아론은 모세를 비방하면서 "여호와께서 모세와만 말씀하셨느냐? 우리와도 말씀하지 않으셨느냐"라고 반박하고 나선 것이다.

비전을 이루는데 조심해야 할 함정은 바로 '네가 뭔데!'라고 누군가 나를 반대하고 비난해도 이겨나갈 수 있는 믿음이 있어야 한다..

3. 너무 두려워!

두려운 마음이 없는 사람은 없겠지만 두려움이 나를 주장할 때 우리는 넘어질 수밖에 없다. 나의 비전을 이루어 나가는데 내가 가장 두려워하는 것은 무엇인가? 그 두려움을 예수 그리스도의 이름으로 끊고 나가라.

그림에서 소개하고 있는 사자와 같이, "여호와는 나의 목자 되시니 내게 두려움 없네."라고 고백하면서 이겨나가자.

4. 빨리해야 해!

씨를 뿌려야 싹이 나고 열매를 맺는 것처럼, 모든 일에는 순서가 있다. 하나님의 계획에도 그렇다. 하나님이 원하시는 시간이 있는 것이다. 그러나 우리는 종종 너무나 급한 나머지 하나님보다 앞서 기도 한다.

마치 모세처럼 자신의 힘으로 해보려고 서두르지만 결국 실패하고 만다. 나의 분주함 보다는 하나님의 때를 기다리는 인내가 있어야 한다.

5. 그럼, 그렇지!

"안되면 조상 탓, 잘되면 내 탓"이라는 말이 있다. 비전을 성취하는 과정 중 생기기 쉬운 함정은 바로 교만이다. 비전을 성취했을 때 우리는 생각해야 한다. 나의 비전이 성취되기까지 내 주변에 있었던 사람들을 기억해야 한다.

그들은 모두 나의 동역자들이었고, 스승이었다. 그러나 우리는 성공할수록 많은 것을 우리의 공으로 여기고 싶어한다. 그리고 교만에 빠진다. 교만에 빠지지 않는 비결 "나의 나 된 것은 하나님의 은혜"로다.

2. 유혹을 피하라

(1) 전체 원형으로 앉고 인원에 따라 방법을 달리한다.

이 활동에 참여하는 인원이 많은 경우에는 원을 최대한 크게 만든다. 참여하는 인원이 적거나 공간이 넓지 않은 경우에는 공간을 최대한 활용할 수 있도록 한다.

(2) 조별로 진행하는데 방법은 다음과 같다.

A조의 남자와 B조의 여자가 원 안으로 들어간다. A조의 남자를 '요셉'이라 부르고, B조의 여자를 '보디발의 아내'라고 부른다.

사회자의 시작 신호와 함께 보디발의 아내는 요셉을 잡아야 하고,

요셉은 보디발의 아내에게 잡히지 않으려고 도망 다녀야 한다. 보디발의 아내가 요셉을 손으로 치거나 잡으면 요셉은 자리로 돌아가 앉는다.

(3) 이 활동을 좀 더 다양하게 진행하려면 다음과 같이하면 된다.
'요셉'을 모두 잡아야 끝난다. 제한 시간 안에 잡거나, 가장 늦게 잡힌 팀을 구별한다. '요셉'의 인원에 따라서 '보디발의 아내' 숫자를 조절할 수 있다.

(4) 이와 같은 방법으로 조별 토너먼트 방식으로 게임을 진행한다.

(5) 모든 팀이 끝나면 조별로 가장 늦게 잡힌 요셉을 나오게 하여 '최고의 요셉 뽑기'를 진행할 수 있다.
이때 '보디발의 아내'도 참여한 사람들의 추천을 받아 진행하자.

(6) 활동이 끝나면 다음과 같이 코멘트 한다.
"사단은 싸워서 이기고, 죄는 피해서 이겨야 된다"는 말이 있습니다. 이 말은 싸워서 이겨야 될 것이 있고, 피해서 이겨야 될 것이 있다는 것입니다. 그렇다면 유혹은 싸워서 이기는 것이 아니라 피해서 이겨야 되는 것입니다.

우리가 아는 것처럼 많은 사람들이 성공한 후에 추락하는 이유는 돈의 유혹, 명예의 유혹, 권력의 유혹, 이성의 유혹을 이기지 못했기 때문입니다. 요셉을 통해 우리는 감정으로 사는 사람이 아니라 믿음으로 사는 사람이 되어야겠습니다"

3. 위기관리에 성공한 사람 & 실패한 사람

비전을 이루는 삶의 과정 속에는 반드시 위기가 찾아온다. 위기를 극복할 때는 기회가 되지만 위기에 무너지면 돌이킬 수 없는 상처를 입을 수 있게 된다. 비슷한 상황을 다르게 대처했던 성경의 인물을 살펴보면서 '나라면 어떻게 대처했을까?'를 생각해보자.

(1) 성경을 찾아서 읽고 느낀 점을 기록한다.
  ① 요셉과 보디발의 아내(창세기 39:1~23절)
              & 삼손과 들릴라(사사기 16:4~22절)
  ② 옥합을 깨뜨린 여인(마태복음 26:6-13절)
              & 가룟 유다(마태복음 26:14~16)

(2) 위기의 상황을 나의 방식으로 새롭게 기록해보자.
들릴라가 삼손을 유혹했을 때 삼손은 유혹의 장애물을 뛰어넘지 못하고 실패했다. 내가 삼손이라고 생각하고 유혹을 이기는 장면으로 바꾸어 기록해보자. 가룟 유다 역시 나만의 새로운 이야기로 기록해보자.

(3) 은혜로운 코멘트

인생에 장애물은 반드시 있다. 장애물은 사람들을 걸러내는 일들을 한다. 그 일을 간절히 사모하는 사람들에게 있어 장애물은 뛰어넘어야 할 단계로 보이지만, 지금 하고 있는 일을 간절히 사모하지 않는 자들이 만나는 장애물은 나를 포기하게 만든다.

나는 비전을 이루는 과정 속에서 만나는 장애물들 성적인 유혹, 뇌물, 권세, 돈, 명예 등 인생의 장애물 앞에 뛰어넘는 자인가? 아니면 넘어지는 자인가? 기도하며 극복해보자.

10주. 내 인생에 소중한 사람들

1. 짧은 비전특강

(1) 아래의 글을 프로젝터나 OHP 필름으로 준비한 후 보여주면서 설명한다.

> 나보다 어리거나 경험이 많지 않고
> 지위가 낮은 사람들에게도
> 배울 수 있도록 겸손함을 주옵소서
> 혼자가 아니라 함께 일해야만
> 더 큰 능력이 나타날 수 있음을
> 깨달을 수 있도록 지혜를 주옵소서
> 각 사람의 가치를 인정하고
> 또 마주하는 모든 사람을
> 존중할 수 있는 마음을 갖게 하옵소서
> – 〈미래설계와 목표관리〉 중에서

(2) '내 인생에 소중한 사람들'을 통해서 우리가 알아야 될 이야기를 전달한다.

"다 함께 소개된 글을 천천히 읽어보겠습니다. 이 글에서 소개하는 것처럼 어린 사람에게도, 지위가 낮은 사람에게도 우리들은 배울 수 있습니다. 꼭 많이 아는 사람이나 높은 지위에 있는 사람에게만 배우는 것은 아닙니다. 누구를 만나든지 배울 것이 있다고 생각할 때 우리는 그를 존중하게 됩니다.

이 사람은 나보다 못한 사람이라고 생각되는 순간 우리의 관계는 단절되고, 더 이상 그를 가까이하지 않게 되거나, 그를 무시할 수 있습니다. 그러나 하나님은 너무도 감사하게 우리 모두에게서 배울 것은 허락해주셨습니다. 그리고 협력하여 선을 이루도록 하셨습니다. 우리가 만난 사람들은 모두 나의 동역자요, 내 인생에 소중한 사람들입니다."

(3) 함께 손을 잡고 서로를 위해 기도하는 시간을 갖는다.

2. 넌 누구니?

(1) '넌, 누구니?'란

　넌, 누구니? 프로그램은 평소에 알지 못했던 사람들과 사귈 수 있는 시간이다. 성공의 법칙 중 "다른 사람의 성공을 활용하라."라는 법칙이 있다. 이 말은 성공한 사람들의 도움을 받는다면 조금 더 빨리 성장할 수 있음을 말하는 것이다. 그러기 위해서는 사람들을 많이 알아야 하기 때문에 이 시간을 통해서 평소에 알고 싶었던 사람들, 만나고 싶었지만 기회가 되지 않았던 사람들을 찾아가서 만나고 그를 이해할 수 있는 활동프로그램이다.

(2) 진행하기

　준비된 자료를 보게 한다(학생용 교재). 그리고 "넌, 누구니?" 프로그램의 의미를 설명한 후 진행하는 방법을 소개한다. 우선 '궁금해요.' 난에는 내가 만나는 사람에 대해서 알고 싶은 내용을 기록한다. 예를 들면 다음과 같다.

　　(예 : 비전, 가족관계, 교회에서 가장 친한 친구, 구원의 확신, 취미생활, 경건 생활은?, 나에 대한 첫인상은 등등)

　내가 물어보고 싶은 목록을 10 정도 정한다. 꼭 10개를 채우지 않아도 괜찮지만 처음부터 조금만 써도 된다고 말하지는 말자.
　'이름' 난에는 내가 만나는 사람들의 이름을 기록한 후 빈칸에 내가 정한 목록을 하나씩 물어보면서 기록해 나간다. 서로에 대한 궁금증이 풀어졌으면 서로를 위해 기도하는 시간을 가진 후 다른 사람을 만나기 위해 자리를 이동한다.

기억해야 할 것은 짧은 시간 동안 많은 사람을 만나도록 노력해야 한다는 것으로, "넌, 누구니?"의 법칙이 있다면 "기다리지 말고, 찾아가서 만나야 한다는 것이다."

(3) 활동자료

(비전학교에 참석했던 양진 자매의 '넌, 누구니?'입니다)

넌 누구니?	이 름	김혜정	한송이
1	무슨 찬양 좋아해요?	주를 향한 나의 사랑을	선하신 목자
2	이상형은?	과묵한 사람	심플하고 귀여운 문주댕
3	가장 가보고 싶은 곳	중국	유럽
4	가장 소중한 물건은?	편지	비밀상자
5	신체중 가장 자신있는 곳	튼튼한	머리카락 눈
6	배우고 싶은 것은?	간호	일어, 성경
7	언제쯤 결혼하고 싶은가?	27세쯤..	아직 잘..
8	어떤 재능을 가지고 있나?	들어주기	글쎄?
9	가장 기억에 남는 책은?	빙점	야베스의 기도
10	나에게 하고 싶은 말은?	나의 양전	언니 파이팅 너무 이뻐

1) "넌, 누구니?" 난에서 기억나는 질문들을 소개한다.

- 어떤 스타일의 옷을 좋아해요?
- 가장 좋아하는 이성 스타일은?
- 어릴 적 꿈과 지금의 꿈은?
- 자신 있는 요리는?
- 주위에 있는 사람과 싸운 다음 화해하는 방법
- 가볼 만한 곳이나 가보고 싶은 곳
- 우리 교회에서 칭찬하고 싶은 분은?
- 자신에게 가장 소중한 선물은?
- 제일 갖고 싶은 것은?

2) 풍성한 아이디어

짧은 시간 동안 모두를 만난다는 것은 어려운 일이다. 부족한 부분들은 비전학교가 끝나는 시간까지 틈나는 대로 계속해서 만남을 갖고 기록하도록 한다.

'넌, 누구니?'를 가장 많이 기록한 사람에게 선물하는 시간을 가져도 좋다. 이 프로그램은 버스를 타고 이동할 때 사용할 수 있는 좋은 프로그램이다. 비전학교 시작 전 프로그램으로도 진행할 수 있다.

3. 내가 만나고 싶은 사람들

1) 내가 만나고 싶은 사람 찾기
① 역사 속의 인물이나, 현존하는 인물 중에서 내가 만나고 싶은 사람들을 생각한다.
② 만나고 싶은 인물에 대해 연구해보고, 사진도 스크랩하고, 필요한 정보도 알아둔다.
③ A4용지를 이용하여 그와의 인터뷰, 그와의 관계 등을 기록하여 나의 비전파일에 보관한다.
④ 인터넷을 통해 사진을 찾은 후, 함께 찍은 사진처럼 포토샵을 해보자.

2) 친구에게 소개하기
① 왜 만나고 싶었는지?
② 그에게서 무엇을 닮고 싶었는지?
③ 그와 데이트할 수 있는 시간을 준다면 무슨 말을 하고 싶은지?
④ 내가 만나고 싶은 사람을 친구들에게 소개해보자.

11주. 인생극장

1. 인생극장 기획하기

　인생극장이란 자신의 비전이 성취된 후의 모습을 드라마로 꾸며보는 활동이다. '비전을 심어주는 트레이닝 프로그램'을 진행하면서 우리는 하나의 주제를 향해 걸어왔다. 바로 비전인 것이다. 지금까지는 비전을 세우고, 그것을 이루기 위한 우리들의 행동지침서와 같은 내용을 위주로 활동했다면 이제는 꿈을 이룬 우리들의 모습을 미리 재현해 보는 것이다.

(1) 진행하기
　사회자는 인생극장에 대한 의미를 설명한다.
　"인생극장은 각자의 비전이 이루어졌다고 생각하고 드라마를 만드는 프로그램입니다. 각 조에 속해있는 사람들이 각자의 비전을 이룬 후 만나는 장면을 드라마로 연출하는 것입니다."
　조별로 모여서 준비하는 시간을 갖는다. 대본을 구상하고 연습하는 시간은 1시간 정도가 적당하다. 조별로 발표하는 시간을 갖는다. 무대와 조명을 준비하고, 발표한 조를 제외한 다른 조원들을 중심으로 심사위원단을 구성하여 평가한다. 물론 비전을 어떻게 평가할 수 있겠는가?

그러나 인생극장을 멋지게 계획한 조를 정하여 간단한 시상식을 한다면 더욱 효과적인 시간이 될 것이다.

(2) 기억에 남는 인생극장을 위해서

간단하게 대본을 쓰게 한다. 인생극장을 효과적으로 진행하기 위해서도 필요하지만, 자료로 보관할 수 있기 때문이다.

인생극장을 비디오로 촬영해 두면 더욱 좋겠다. '비전학교'가 끝난 후 평가의 시간에 참여하지 못한 이들에게 보여준다면 은혜도 함께 나눌 뿐만 아니라, 다음 훈련에 대한 기대감도 줄 수 있기 때문이다.

인생극장의 대본을 잘 정리해서 인생극장 중간 중간에 찍은 사진과 함께 작은 책자를 만든다면 더없이 좋은 선물이 될 것이다.

2. 인생극장 공연하기

　다음에 소개하는 인생극장은 찬양사역자, 간호사, 선교사, 광고기획자가 되고 싶은 사람들이 모여서 자신들의 꿈을 이룬 상황을 재연한 인생극장이다.

등장인물 : 김수영 - 찬양사역자로 현재 태국에서 선교활동 중이다.
　　　　　노정은 - 친절하고 자상한 백의천사 간호사.
　　　　　김혜정 - 미전도 종족 선교사로서 현재 중국 선교하고 있다.
　　　　　김현석 - 유능하고 실력 있는 성공한 광고 기획자
비　　전 : 김수영(예배, 찬양사역자)
　　　　　　노정은(간호사)
　　　　　　김혜정(해외 선교사)
　　　　　　김현석(광고 기획자)

　　　　　　　　　　　- 1막 -
(현석이 유학을 다녀온 후 광고기획사에서 유능한 사원으로 성장하여 대기업의 홍보를 맡게 된다. 프레젠테이션 중)

현석 : (화면을 보며 간부들에게 당당한 모습으로 프로젝트를 설명하고 있다.) 이번 '산성'(삼성이지만 특정 기업이므로...)의 홍보는 저희 회사에도 정말 중요한 의미가 있다고 봅니다. 이번 프로젝트의 예산은 200억 원으로 계획하고 있고 모델은 광고 모델로서 최고의 주가를 올리고 있는 전우성, 장동권, 고소형이 캐스팅되었고, 특별히 헐리우드 스타인 탑 크루즈를 캐스팅했습니다. 이번 광고의 컨셉은

넘버원 기업으로서의 자부심을 부각시키는데 있습니다. 그리고 이번 광고를 통하여 산성의 해외시장 확보까지 도모할수 있다고 봅니다. 이상입니다..

(프레젠테이션에 참석하여 듣고 있던 간부들이 모두 기립하여 박수를 친다. 그리고 모두가 퇴장하고 현석도 퇴장하였다가 다시 노트북 컴퓨터를 들고 등장한다.)
(현대카드 광고 패러디-현석은 책상에 앉아 엄청난 속도의 영어로 말하며 컴퓨터 작업을 하다가 땀 한 방울이 이마에서 코를 타고 떨어진다.)

나레이션 : 열심히 일하는 당신, 떠나라!! 자동차를 타고 창밖으로 팔을 벌리고 도로를 시원하게 달리다가 지나가는 농민이 들고 가던 농기구에 팔을 부딪쳐 사고가 난다.

현석 : (뒹굴뒹굴 구르며) 으악~~! 교통사고다~

- 2막 -

얼굴에 붕대를 감은 현석을 정은이 부축하여 등장한다.

정은 : 조심하세요.
현석 : 간호사님은 목소리가 정말 아름다우시네요. 전 여기 입원해 있는 동안 보이지 않는 제 눈 때문에 세상이 너무나 어두웠습니다. 하지만 그때마다 간호사님의 목소리는 제 마음에 등불이 돼주었습니다.
정은 : (부끄러워하며) 아이 참~~
현석 : 간호사님은 왜 간호사가 되셨죠?
정은 : 전 대학에서 간호학을 전공하고 세상에 많은 환자들이 질병으로 인하여 힘들어하는 것을 볼 때 하나님께서 제 마음에 그 영혼들을 품게 하셨습니다.
현석 : 아 그렇군요...
정은 : (붕대를 천천히 풀며) 아주 천천히 눈 뜨세요.

(현석은 천천히 눈을 뜨며 밝은 빛에 눈을 찌푸린다. 그리고 정은과 눈이 마주치고 아주 잠시 동안 둘은 시선을 고정시킨 채로 침묵이 흐른다.)

현석 : (의아한 듯이 깜짝 놀라며) 아니 혹시……. 노정은 자매?
정은 : (마찬가지로 놀라며) 아니 그렇다면 당신은 김현석 형제?
현석 : 그렇소이다. 함께 화평교회 청년 동계수련회를 간 적이 있지 않습니까?
정은 : 맞아요! 전 아직도 그 수련회를 잊지 못한답니다. 그 수련회를 통해서 하나님께서 제 마음 가운데 간호사의 비전을

확실히 해주셨거든요. (야릇한 눈빛으로) 현석 형제!
현석 : (손을 잡으며) 정은 자매!

- 3막 -

(결혼을 하여 태국으로 신혼여행을 오게 된 정은과 현석은 즐겁게 관광을 하고 있다.)

정은 : 우와! 저것 좀 봐 자기야~~
현석 : 태국은 정말 신기한 것들이 많은 나라 같아. 그치?
(한쪽에서 수영이 노방 찬양인도를 하고 있다)
정은 : (한쪽을 보며)근데 자기야 저기 봐. 한국에서 온 선교단같은데?
현석 : 정말 그런가 봐. 어?! 근데 저 사람 어디서 많이 본 사람 같은데?
정은 : 찬양인도 하는 사람?! 그러게 낯이 익은데? 혹시 저 사람……. 수영자매 아니야?! 수영 자매도 청년부 동계수련회 참석해서 찬양사역자가 꿈이라고 말했었잖아!!!
현석 : 어! 정말 그렇네~ 수영자매다!! 어서 가보자~~
수영 : (은혜 충만한 얼굴로 무대에서 걸어내려 오며)오늘 예배 역시 정말 은혜로운 예배였어!
현석, 정은 : (수영에게 다가오며) 저 혹시…
정은 : 수영자매?
수영 : (놀랍다는 얼굴로) 혹시 그럼?
정은 : 맞아 언니!! 나야 나!! 정은이!
현석 : 누나 나야 나!! 현석이!!
수영 : (뛸 듯이 반기며) 어머~!!! 이게 어떻게 된 일이야?! 너무

　　　　반갑다~
현석 : 누나 정말 찬양 사역자가 됐구나!
정은 : 난 정말 언니가 해낼 줄 알았어!!
수영 : 그래 우리 청년 때 동계수련회 가서 우리 비전을 나눴잖아! 그때 이후로 난 세계에 미전도 종족들을 위해 기도하며 찬양사역에 길을 걸었단다. 근데 너희 결혼한 거니?
정은 : (부끄러워하며) 응~
수영 : 어쩌다가 둘이 결혼을 다했니?
현석 : 어쩌다가 그냥 눈 맞아 버렸지 뭐~
정은 : 언니 우리 묵는 호텔에 가서 그동안 어떻게 지냈는지 밤새워 얘기하자.
수영 : 그래!!
(현석, 정은, 수영은 함께 퇴장한다.)

- 4막 -

(호텔 방안에는 텔레비전이 켜져 있고 오랜만에 만난 셋은 호텔 방에서 끊임없이 수다를 떨고 있다.)

수영 : 너무 반갑다 애들아. 도대체 이게 몇 년만이니?!
정은 : 그러게 말이야.
현석 : (자리에서 일어나며) 나 화장실 좀 갔다 올게!

(둘은 계속해서 지난 이야기를 하고 있다가 텔레비전을 보게 된다. 마침 텔레비전에서는 뉴스를 하고 있었다.)

기자 : 네. '오늘의 사람들'에서는 중국의 소수민족을 도우며 함께

살아가고 있는 김혜정 선교사님을 만나보겠습니다. 안녕하세요 김혜정 선교사님.

혜정 : 안녕하세요..

기자 : 김혜정 선교사님께서는 어떠한 계기로 이곳에서 선교활동을 하시게 되셨나요?

혜정 : 네. 전 청년 시절에 소외받고 무시당하는 소수민족들을 바라볼 때 제 마음이 너무 아팠습니다. 그런 가운데 2002년도에 제가 다니던 교회에서 수련회를 가게 되었는데 그 가운데서 제가 할 일이 이거구나 라는 생각을 하게 되었습니다. 그 후 전 신학대학교를 졸업하고 이곳에 건너와 이 민족들과 함께 살아가고 있습니다.

(기자와 혜정이 인터뷰를 하고 있는 것을 수영과 정은이 보고 자신들이 아는 혜정이라고 놀라고 있다.)

기자 : 네 오늘 만나본 김혜정 선교사님이야말로 자신보다 남을 사랑하고 베풀 줄 아는 참 크리스천이 아닌가 생각됩니다. 지금까지 엠피씨뉴스 김현석이었습니다. (화장실을 갔던 현석 다시 돌아온다.)

정은 : 어머! 어머! 쟤 혜정이 아니야?!

수영 : 맞아! 야 연락처 나온다. 전화 좀 해봐.

현석 : (휴대전화기를 꺼내 전화를 걸며) 여보세요? (텔레비전 화면으로 혜정의 전화기에 벨이 울린다.)

혜정 : (매우 큰 구형 전화기를 힘들게 받으며) 여보세요?

현석 : 누나 나야 현석이! 기억하지? 화평교회 주접!!

혜정 : 아~!! 알지~ 이양 반갑다!

정은 : 야 나도 좀 바꿔줘 봐! (전화기를 뺏어 받으며) 혜정아 나
야 정은이!
혜정 : 아! 언니 반가워. 간호질 잘하고 있어?
정은 : 그럼!! 나 간호질 하다가 현석이랑 눈 맞았잖아!
혜정 : 뭐야?! 진짜야? 오, 주여~
수영 : (전화기를 뺏으며) 혜정아!! 우리 만나자! 우리가 거기로
갈게.

- 5막 -

(수영, 정은, 혜정, 현석 네 명이 각자 자기가 비전대로 살아가는
모습을 연기한다.)

나레이션 : 우리는 하나님께서 주신 사명대로 살아가고 있습니다.
하나님의 비전대로 사는 것이 가장 기쁜 것이라는 것
을 느낍니다. 또 우리는 우리의 자녀들에게 그것을 가
르 치고 있습니다.

※ 대본은 김현석 형제가 작성하셨습니다.

비전 칼럼 1

나도 내 인생의 주인공

    영화 속에는 인생에 대한 진지한 스토리가 있고, 감동이 있고, 눈물도 있고, 기쁨도 있습니다.

    영화를 보면서 현실에서 그렇게 살 수 없는 나의 모습을 보며 대리 만족을 하기도 하고, 멋진 영상을 보면서 나도 그곳에 가고 싶다는 충동을 느낄 때도 있습니다. 가끔은 나도 영화 속의 주인공이 되어 미션임파서블에 나오는 톰 크루즈처럼 어려운 문제도 척척 해결해 내는 사람이 되고 싶기도 하고, 부러진 화살에서 멋지게 연기한 국민 배우 안성기처럼 바르지 못한 사회에 대해 당당하게 서는 모습을 보여주고 싶기도 하고, 때론 잠깐 동안만이라도 나쁜 사람들의 전성시대에서 반달로 나온 최민식처럼 살아보는 것도 재미있겠다는 엉뚱한 생각을 해볼 때도 있었습니다.

    영화가 끝나고 돌아오는 길에 혼자 웃으며 말했습니다. '나도 내 인생의 영화 속에서만큼은 주인공이고, 나를 돋보이게 하기 위해 주변에 많은 조연들과 엑스트라가 있고, 그 영화를 제작하고 감독하고 연출하시는 분이 하나님이시다.' 그러니 그 영화는 절대 망할 수 없고, 흥행에 실패할 수 없고, 재미없을 수가 없고, 감동이 없을 수가 없다는 생각을 해보면서 웃게 합니다.

    짧은 나의 지식과 빈약한 예산으로 나의 스토리를 만들어가고 싶지 않습니다. 천지를 창조하신 창조의 능력과 모든 것을 원하시는 대로 움직이시고 조정하시고 있게 하시는 하나님의 지혜와 능력의 손에 맡겨서 하나님이 이끌어주시는 대로 움직여지는 역사의 주인공이 되고 싶습니다. '나도 주인공입니다.'

12주. 역경을 극복한 사람들

1. 발로 쓴 내 인생의 악보

'역경을 극복한 사람들'은 절망과 좌절을 극복한 사람들의 이야기를 소개하는 프로그램이다. 우리 주변에서 절망을 이긴 사람들을 찾거나, 아니면 많이 알려진 사람들 중에서 내가 알고 있는 역경과 절망을 이긴 사람들의 이야기를 나누면서 내 삶의 인생극장을 이루기까지 어떠한 어려움이나 역경이 와도 이겨나가기로 결심하는 시간이다.

(1) 진행하기

사회자는 '역경을 극복한 사람들'을 진행하기 전 다음과 같이 소개한다.

이 프로그램을 준비하게 된 목적을 소개한다. 사회자는 역경을 이겨낸 사람의 일대기를 프로젝터나 OHP를 통해 간단한 글과 문장으로 만들어 보여 주면서 소개한다. 더 많은 사람들의 이야기를 소개할 수도 있지만 참여하는 사람들에게 많은 기회를 주어야 하기 때문에 절망을 이긴 사람들에 대해서 조사만 해두고 발표는 하지 않는다. 시간과 분위기를 보면서 이야기를 나누도록 한다.

　조별로 원형으로 모여서 내가 알고 있는 사람 중, 역경을 이겨냈던 사람들의 이야기를 서로 나눈다. 이야기를 나눌 때 내가 알고 있는 주인공을 소개할 뿐만 아니라, 나 자신이 절망 속에서 이겨낸 경험담이 있다면 그것 또한 이야기 할 수 있도록 한다.

　조별로 이야기가 끝났으면 전체를 대상으로 자신이 소개하고 싶은 사람의 이야기를 할 기회를 주고, 다 함께 느낀 점을 나누는 시간을 갖는다.

(2) 기억에 남는 프로그램이 되기 위한 아이디어

1) 드라마 만들기

　피드백이 끝난 후 각 조에서는 우리들이 들었던 사람들이 이야기 중 이 사람이야말로 우리들에게 귀감이 된다고 생각되는 한 사람을 정한다. 이제 우리가 뽑은 이 사람의 일대기를 드라마로 만든다.

　대본을 만들고, 서로 분장도 해주면서 인생 드라마를 만들어 가는 것이다. 충분한 시간보다는 적당한 시간을 정해 놓고 진행해야 지루함을 면할 수 있다.

　준비가 끝나면 순서를 정한 후 한 조씩 발표를 한다. 발표할 때에는 먼저 주인공이 누구인지를 소개한 후에 드라마를 시작한다. 각 조의 드라마가 끝나면 비전에 관한 찬양과 함께 기도하는 시간을 갖는다. 기도의 제목은 "하나님 우리에게 절망은 없습니다. 하나님이 함께하시기 때문입니다."라고 고백하면서 비전을 이루어 나가는 동안 어떠한 어려움이 있더라도 이겨 나갈 수 있는 힘을 달라고 기도하자.

2) 프로젝터나 OHP를 이용한 동화 만들기

준비하는 과정은 드라마 만들기와 동일하다. 프로젝터나 OHP를 이용하여 소개할 인생의 장면을 그림으로 표현한다. 한 조씩 나와서 그림으로 준비된 프로젝터나 OHP 필름을 보여주면서 나래이터가 진행한다.

자료로 사용된 그림들은 모두 정리해 두었다가 다음 수련회 때 '지난해 우리들의 모습들'이라는 프로그램을 만들어 보여줄 수 있다.

3) 역경을 극복한 사람들 소책자 만들기

전체가 동시에, 또는 조별로 발표되는 역경을 이긴 사람들의 이야기를 정리해둔다. 사람에 대한 전체 기록이 어려우면 그 사람이 남긴 잊지 못할 '명언 한마디' 정도를 메모해 두었다가 역경을 극복한 사람들의 내용을 행사 마지막 날 선물로 전달하는 소책자에 넣을 수 있도록 한다.

(3) 역경을 극복한 사람 소개

역경을 극복한 사람 레나마리아를 소개한다. 다음의 글은 '발로 쓴 내 인생의 악보' 홍보 전단지에서 소개된 내용이다.

레나 마리아. 그녀는 1968년 스웨덴의 중남부 하보마을에서 두 팔이 없고 한쪽 다리가 짧은 중증 장애인으로 태어났다. 병원에서 보호소에 맡길 것을 권유했지만 독실한 크리스천인 그녀의 부모는 하나님이 주신 아이로 확신하고 그녀를 정상아와 똑같이 신앙으로 양육한다. 수영과 십자수, 요리와 피아노, 운전, 성가대 지휘에 이르기까지 레나는 그녀의 하나밖에 없는 오른발로 못하는 게 없다.

　3살 때부터 수영을 시작해서 스웨덴 대표로 세계 장애인 수영선수권 대회에서 4개의 금메달을 따기도 했다. '88년 서울 올림픽에도 좋은 성적을 거두었다. 어렸을 때부터 교회성가대에서 활동했고 고등학교에서 음악전공을 시작하여 스톡홀름 음악대학 현대 음악과를 졸업했다. 대학 졸업 후 본격적인 가스펠 싱어로서의 음악 활동을 시작했다.

　1988년 스웨덴 국영TV에서 '목표를 향해'라는 레나의 다큐멘터리가 방영된 이후 많은 영향을 끼치고 있다. 또한 그녀는 스웨덴 국왕의 장학금으로 미국에서 가스펠을 공부하기도 했다.

　1991년에 일본 굴지의 방송 TV 아사히에서 '목표를 향해' 축약판이 '뉴스스테이션'에서 방영된 것을 계기로 1992년 일본에서는 매년 그녀의 콘서트가 열리고 있다. 그녀의 수기〈발로 쓴 내 인생의 악보〉는 프랑스, 독일, 네덜란드, 일본 등 9개국 언어로 출판되어 초대형 베스트셀러가 되었고 특히 기독교 인구가 적은 일본에서 그녀의 책과 콘서트는 복음전도에 큰 역할을 하고 있다.

　그녀는 지금 프로 가스펠싱어로 전 세계를 다니며 자신을 인도하시는 주님의 사랑을 은혜로운 찬양과 간증으로 전하고 있다. 세계의 언론들은 그녀의 목소리를 '천상의 노래'라고 격찬한다. 레나는 '이 모든 것이 하나님 때문에 가능했다.'라며 그 무엇보다도 "하나님과 자신과의 관계가 가장 중요하다."라고 말한다.

　그녀는 날마다 "내가 너를 사랑한다."라는 하나님의 음성을 듣고 있으며 하나님이 자신과 함께 하신다는 사실이 가장 기쁘다고 한다. 그녀는 신앙의 회복을 위해 성경학교를 수료한 후 인도로 아웃리치까지 다녀왔다.

그녀는 지금까지 한 번도 자신의 장애를 '장애'로 여긴 적이 없다. 오히려 그 장애가 믿음과 더불어 오늘날 자신을 있게 했다고 고백한다. 단지 다른 사람과 사는 방법이 다를 뿐 장애는 더 이상 그녀를 제한하지 못한다. 1995년 비욘 클링벨과 결혼하여 스웨덴의 낫카에서 행복하게 살고 있다. 두 팔과 한쪽 다리마저 짧은 그녀가 어떻게 자신 있고 행복하게 살 수 있는지 그 비결이 책 속에 가득하여 독자들에게 감동과 도전을 주고 있다.

"제 인생은 언제나 하나님이 책임져 주셨어요." 레나의 고백이다.

2. '닉부이치치의 허그' 동영상 함께 보기

1) 동영상 함께 보기

선천성 사지전단 장애를 안고 있는 닉부이치치의 삶에 대한 이야기와 그가 강연한 내용의 동영상을 인터넷을 통해서 살펴볼 수 있다. 몇 개의 동영상이 있는데 가르치는 대상에 적절한 내용을 선정하여 함께 시청한다.

2) 닉부이치치에게 편지쓰기

절망할 수밖에 없었던 그에게 용기를 주었던 사람은 누구였을까? 모든 사람의 뒤에는 그가 일어설 수 있도록 격려해주고 용기를 주며 희생을 감수하면서 까지 함께했던 사람들이 있기 마련이다. 닉부이치치가 절망에 빠진 이들에게 용기를 줄 수 있는 사람이 될 수 있도록 도움을 주었던 분에게도 엽서를 써보자. 그리고 그날 닉부이치치가 쓴 '허그'의 책을 선물한다면 더욱 좋지 않을까?

3. 역경의 열매

1) 역경을 극복한 사람을 찾기
   ① 신문, 잡지, 인터넷, 책 등을 통해 역경을 극복한 사람들을 찾아보자.
   ② 역경을 극복한 사람들이 기록한 책들의 제목을 적어보자.
   ③ 스크랩하여 나의 비전파일에 보관한다.

2) 역경을 극복한 사람 소개하기
   ① 주인공이 어떤 어려움에 처해 있었는지?
   ② 어떻게 그 역경을 극복하고 인생의 주인공이 되었는지?
   ③ 역경의 극복한 주인공에게 격려의 한마디.

3) 나의 아픈 이야기하기
   ① 지금 힘들어 하는 일이나, 힘들었던 때의 이야기를 소개한다.
   ② 나는 어떻게 극복했는지를 말한다.
   ③ 이야기를 들은 친구들은 그에게 휴대전화기로 격려의 문자 메시지를 보낸다.
   ④ 또는 내가 힘들 때 받고 싶어 하는 문자 메시지의 내용을 소개하고, 가장 먼저 내게 문자 메시지를 보낸 친구에게 소정의 선물로 격려한다.

13주. 값지게 하시었네

1. '행운의 금메달'

(1) "이보다 더 운 좋은 사나이가 있을까?"

2002년 솔트레이크시티 동계올림픽 현장에 있었던 재미난 사건을 아래 사진을 보여주면서 소개한다.(인터넷에서 검색하세요)

꼴찌로 달리다 상대 모두 넘어져 '행운의 금'을 수상한 쇼트트랙 1,000m 우승 브래드버리. 17일 열린 쇼트트랙 남자 1,000m 결승에서 금메달을 목에 건 호주의 스티븐 브래드버리(29)는 누구도 금메달을 따리라고 예상치 못했던 선수다.

그도 그럴 것이 그는 올림픽과 세계선수권 등을 통틀어 개인전에서 단 한 번도 5위 안에 든 적이 없다. 단지 94년 릴레함메르 올림픽에서 호주팀의 5,000m 계주선수로 뛰어 단체 동메달을 딴 게 최고 성적이었다. 하지만 이번 대회 '행운의 여신'은 처음부터 그의 편이었다. 그것도 한 번도 아니고 무려 세 번씩이나…

그는 믿어지지 않는 '행운의 레이스'는 8강전부터 시작됐다. 8강전에서 레이스 도중 넘어졌으나 캐나다의 마크 개그넌이 반칙으로 실격당하는 바람에 4강에 진출했고 준결승에선 김동성(한국)에 이어 마튜 터큐테(캐나다), 리자준(중국)까지 넘어지자 1위로 골인했다. 이날의 하이라이트는 결승전. 브래드버리는 5명이 나선 결승에서 최하위로 달리다 앞선 4명이 결승선 앞에서 줄줄이 나가떨어지는 바람에 여유 있게 금메달을 땄냈다. 그는 관중의 야유에도 아랑곳없이 두 팔을 치켜들며 환호했다. 그는 "나 스스로도 운 좋은 남자라고 생각한다. 신은 언젠가는 당신에게 미소를 짓게 된다. 오늘은 나의 날"이라며 껄껄 웃었다.

〈2002년 2월 18 동아일보기사〉

(2) 사회자의 코멘트

"이 '행운의 이야기'를 듣고 어떤 생각이 드나요? '이건 말도 안돼' 또는 '재미있는 일이군' 이런 생각이 드나요? 저는 이렇게 생각합니다. 한 번도 아니고 세 번씩이나 앞에 가던 사람이 실격되거나 넘어져서 우승하게 된 브래드버리처럼 하나님 안에서 신실하게 살아가는 사람에게도 이러한 일들이 일어나게 된다는 것이다.

이는 요행을 바라는 마음이 아니다. 우리가 하나님 안에서 꿈을 이루어 가는 동안 도저히 불가능해 보이는 상황도 때론 가능하게 하신다는 것이다. 그렇기 때문에 우리의 비전을 포기하지 말라는 것이다."

2. 값지게 하시었네.

'값지게 하시었네'는 하나님께서 우리 인생을 얼마나 값진 인생으로 만들어 놓으셨는가를 확인하는 시간이다. 우리는 지금까지 '비전'이라는 하나의 주제를 향해 달려왔다. 지나간 시간을 생각해 보

라. 태어나서부터 지금까지 우리는 얼마나 값진 인생으로 살아가고 있는가? 이 시간에는 '빈 깡통'을 주제로 재미있는 토론의 시간을 가진 후 '하나님께서 얼마나 우리를 값지게 하셨는지' 알게 하는 시간으로 마무리한다.

(1) 진행하기

- 프로젝터나 OHP 필름을 이용해 '빈 깡통'을 표현하는 그림과 글을 써서 보여준다.
- 사회자의 코멘트

"여기 빈 깡통이 있습니다. 이 깡통은 속이 빈 깡통이고, 크기가 다양한 깡통입니다. 이제 우리는 이 빈 깡통, 아무 쓸모 없다고 버린 이 깡통을 가지고 무엇인가 가치 있는 것으로 만들려고 합니다. 여러분의 지혜를 동원해서 이 깡통으로 무엇을 만들 것인지 생각해 보고 기록해보기를 바랍니다." 빈 깡통으로 사용할 수 있는 것을 생각나는 대로 기록해보기를 바랍니다. 기록이 끝나면 확인한 후 한 사람씩 발표해 보도록 한다.

(2) '값지게 하시었네' 실제

빈 깡통으로 상요 할 수 있는 것을 시작할 때 몇 가지 정도만 소개해준다.

- 예쁜 물컵, 깡통인형, 모빌, 연필꽂이, 욕조, 양팔 저울, 냄비
- 우리 아기 쉬이~ ^^;;, 귀마개, 숟가락으로 두드리면서 잠 깨우기, 목욕 물 받아놓기, 이빨 닦을 때 물컵으로, 쓰레기통, 꽃꽂이 병, 드럼 난타
- 서울역에 찾아가서 구걸하는 사람 중에 깡통이 많이 닳은 사람것을

바꿔준다.
- 친구들을 모아 추억의 옛 게임인 '깡통 차기'를 즐긴다.
- 큰 깡통에 장작들을 채워서 노숙자들 옆에 불을 놓아준다.
- 천을 하나 씌어 놓고 간이 의자로 사용, 우산을 보관해 두는 곳, 탁자
- 로봇인형을 만들어 동생에게 준다. 우체통을 만든다.
- 밥그릇, 세상을 보는 구멍,
- 군고구마 통, 고기 굽는 통, 오줌통,
- 사랑하는 사람들의 사진을 코팅해서 입구에 붙여 공간예술을 창조하겠다.
- 많이 모아서 재활용하는 곳에 갖다주겠다.
- 고래잡이 용(의학용)

(3) 마무리하기

　한 사람씩 돌아가면서 발표하고 다른 사람들이 생각해내지 못한 독특한 내용을 생각했을 때는 박수를 치면서 격려한다. 모두 발표가 끝나면 '값지게 하시었네'라고 외치게 한다. '값지게 하시었네' 찬양을 부른 후, 다음과 같이 말한다.
　"여러분 그렇습니다. 하나님이 우리를 값지게 하셨습니다. 우리는 이 시간에 빈 깡통으로 우리는 무엇을 사용할 것인가를 생각해 보았습니다.
　빈 깡통을 가지고 무엇으로 사용할 것인가 하는 활동프로그램이었는데 모두 독특하고 기발한 아이디어를 소개했습니다. 쓰레기봉투를 보면 폐기용도 있지만, 재활용 봉투가 있습니다. 그것을 볼 때 이런 생각이 들었습니다. 쓸모없는 것을 재활용해 사용하는 봉투처럼, 영원히 버림받을 수밖에 없는 우리를 하나님이 값지게 하셨다는 것입니다. 그렇다면 이제 값진 사람처럼 살 수 있기를 바랍니다.

3. 결단하는 공동체

(1) 전체 원형으로 선다.

(2) 원형으로 모여서 서로의 비전을 위해 기도한다.

(3) 이번에는 몸이 원 안을 향하지 않고, 원 밖을 향하도록 서게 한 후 다음과 같이 코멘트 한다.

"우리는 지금 동서남북을 향하여 서 있습니다. 이 활동의 의미는 이렇습니다. 혼자서 모든 일을 다 할 수 없고, 혼자서 전 세계를 향할 수 없다는 것입니다. 한 사람은 한 곳 밖에는 바라볼 수 없습니다. 그러나 우리가 모두 원으로 서서 밖을 향했을 때 동서남북 어느 곳이든지 향할 수 있게 되었습니다.

나 혼자서는 볼 수 없는 곳을, 나 혼자서는 갈 수 없는 곳을 우리가 모두 함께 할 때는 어느 곳이든 볼 수 있고, 또 갈 수 있습니다. 저는 우리에게 다양한 비전과 재능 주신 하나님께 감사합니다. 내가 혼자 한다면 얼마나 세계를 다니고, 이 민족의 땅 구석구석을 다닐 수 있겠습니까? 그러나 다양한 종류의 사람이 다양한 은사를 가지고 세계와 이 땅에 흩어져 내가 서 있는 자리에서 하나님의 영광을 위해 살아간다면 얼마나 좋겠습니까?

(4) 다 함께 찬양한다. '물이 바다 덮음 같이'

'세상 모든 민족이 주의 영광 보도록 우릴 부르시는 하나님. 주의 심장가지고 우리 이제 일어나 주 따르게 하소서… 주의 손과 발 되어… '

찬양을 부르면서 기도한다.

"우리의 비전 안에 주님의 심장이 있도록 기도합시다. 그 심장 가지고 살겠다고 고백합시다. 그리고 우리 이제 주의 손과 발 되어 섬기며 살겠노라고 고백합시다. 하나님이 우리에게 주신 비전을 가지고 나가서 주님의 뜻 이루겠습니다. 내게 비전을 주신 이유를 깨닫게 하시고 인도하여 주옵소서"

(5) 다시 원 안을 향하여선 후 사회자의 인도에 따르도록 한다.
"두 눈을 감습니다."
기도는 눈을 감는 것입니다. 그 이유는 세상을 보지 않고 하나님만 보기 위해서입니다. 기도하면 세상은 보이지 않고 하나님이 보입니다. 비전은 세상의 조건이나 환경을 보는 것이 아니라 내게 꿈을 주신 그 하나님을 보는 것입니다.

"고개를 숙입니다." 기도는 고개를 숙이는 것입니다. 이는 하나님과 사람 앞에 겸손하겠다는 뜻입니다. 기도하면 겸손해집니다. 성공해도 교만하지 않습니다. 기도했기 때문입니다. "옆 사람과 손을 잡습니다." 비전기도는 혼자만 성공하겠다는 기도가 아닙니다. 함께 성공하는 것입니다. 함께 가는 것입니다. 하나님의 뜻을 이 땅에 함께 이루어 가는 것입니다.

다 함께 찬양한다.

'누군가 널 위해 기도하네'

비전을 위해 서로 위해 기도하는 사람 되기로 결단하며 기도하는 시간을 갖는다.

14주. 내 마음 그리스도의 집 '일일캠프'

1. 묵상

(1) 준비하기
① 준비물 : 프로젝터나 OHP, 아래 그림 자료, A4 용지, 필기도구
② 진행방법 : 전체를 대상으로 해도 되고, 조별로 진행해도 된다.

(2) 진행하기
① 그림 묵상하기
　인터넷, 기독교 신문, 잡지의 만화 컷 중에서 주제에 맞는 것을 발췌해서 사용하면 좋을 것 같다.

② 예화 묵상하기
　예수 그리스도를 내 맘에 모신 후 나는 예수님과 친해지기 위해 내 마음의 집 곳곳을 보여드렸다. 예수님은 책장 안의 책들, 탁상 위의 잡지들, 벽에 걸린 그림들을 둘러보셨다. 난 마음이 편치 않았다. 참 이상하게도 전에는 이런 것들에 대해 기분이 언짢지 않았는데, 예수님이 이런 것들을 쳐다보고 계시니 당황하게 되었다.

선반 위에는 예수님의 눈으로 차마 볼 수 없는 책들이 몇 권 있었다. 나는 얼굴을 붉힌 채 예수님께 돌아서서 말했다.

"주님, 이 방을 정리해서 바람직한 모습으로 바꾸려고 하는데 도와주지 않으시겠습니까?"

예수님은 말씀하셨다.

"기꺼이 도와주지! 바로 그것 때문에 내가 이렇게 온 것이란다! 우선 지금 네게 읽고 보는 것 중에서 유익하지 않고 깨끗지 못하며 좋지 않고 참되지 못한 것들은 전부 내다 버려라! 이제 빈 선반 위에 성경을 꽂아 놓아라."

나는 그대로 했고 해가 지남에 따라 내 생각이 그리스도께 집중될 때 예수님의 임재와 정결하심과 권능에 대한 의식이 잘못되고 불결한 상념을 쫓아버린다는 것을 발견하게 되었다.

- 로버트 멍어 『내 마음 그리스도의 집』 IVP

③ 자기 이야기 적기(A4 용지)

솔직하고 진실하게 작성할 수 있도록 독려한다. 내가 짓고 싶은 집에 대해서 적는다. 하나님이 원하시는 집은 어떤 모습일까?

내가 읽고 보는 것 중에서...
- 유익하지 않은 것 1가지
- 깨끗하지 못한 것 1가지
- 좋지 못한 것 1가지
- 참되지 못한 것 1가지

내 마음속에 있는 그리스도의 집을 깨끗하게 하기 위해 버려야 할 것은?

④ 성경 필사

아래 성경 말씀을 A4 용지 뒷면에 10번씩 쓰도록 한다.

성경 필사 말씀 예)

모든 열심을 다해서 마음을 지키라. 그 마음이 바로 생명의 근원이기 때문이다. - 잠언 4:23

⑤ 짧은 특강

1) '마음'의 정의

성경은 '마음'(Heart)이라는 단어를 몇 가지 의미로 사용하고 있다. 히브리어에서 마음이라는 의미로 사용되는 두 가지 단어는 '렙'(Leb)과 '레밥'(Lebab)이다. 성경에서 이 단어들이 사용된 문맥을 살펴보면, 204회는 이 단어들이 '정신'(Mind)에 중점을 두어 번역되었다.

그리고 195회는 이 단어가 '의지'(Will)에 중점을 주고 번역되었으며, 166회는 '감정'(Emotion)이라는 틀 안에서 사용되었다. 그러나 이 용어가 257회라는 가장 높은 빈도로 사용된 문맥에서의 의미는 총체적인 속사람 또는 '성격'(Personality)에 초점을 두고 있다.

헬라어에서는 '마음'이 '카르디아'(Kardia)로 번역되는데, 이 단어는 심장병 등과 같이, 현대 의학에서도 계속 사용되고 있다. '성격'이란 총체적인 속 사람과 같은 것으로 '혼'(Soul)과 '영(Spirit)이 합쳐진 것을 의미한다. 하나님이 우리의 삶에 다림 줄을 내리시며 그 삶 속에서 우리가 발전시키는 것들에 대해 우리로 책임을 지게 하신다는 사실은 속사람 즉 성경이 변할 수 있는 측면을 가지고 있음을 말해준다.

2) 하나님이 측정하는 기준

기원전 8세기, 유다 왕 웃시야의 통치 기간에 이스라엘은 번영과 평화의 파도를 타며 다시 태어나고 있었다. 그러나 그러한 풍요와 더불어 급속하게 일어나는 도덕적 타락이 사회를 침식해 들어갔다. 사회의 불의가 내뿜는 지저분한 매연은 이스라엘의 시야를 흐리게 만들었을 뿐 아니라, 하나님이 지시하신 신성한 방향까지도 잊어버리게 하였다. 그러한 도전의 장(場) 속에, 하나님은 목자이며 뽕나무를 배양하는 자였던 아모스를 불러 하나님의 부르심의 뜻을 설명하신다(암 7:7~8).

아모스의 임무는 사회적, 종교적 타락을 고발하고 임박한 하나님의 심판을 경고하는 것이었다. 아모스라는 그의 이름은 '짐을 지다.'라는 뜻이 있는 히브리어 동사와 관계되어 있다. 하나님께서 모세를 부르셨을 때 하나님의 진리와 가치를 드러내시기 위해 지팡이를 선택하셨으나 아모스에게는 다림 줄을 택하셨다.

가장 단순한 형태의 다림 줄은 직경이 같은 원통형의 나무에 납덩이로 만들어진 작은 원추가 거꾸로 줄에 매달린 모양을 하고 있다. 그것은 건축하는 사람들이 벽을 세울 때, 그 벽이 정확히 수직인지를 확인하기 위해 사용하는 도구이다. 무게가 실려 있는 그 끝은 중력이라 불리는, 그 외의 다른 방법으로는 보이지 않는 힘에 반응하면서 언제나 지구의 중심을 가리키게 되어 있다.

건축가들은 간단하면서도 측량할 수 없는 가치를 지닌 이 심오한 기구를 발견해 냈다. 그들은 건물이 안정되게 세워지려면 건물의 간주(間奏-2개의 기둥 사이에 세우는가는 기둥)와 벽이 다림 줄과 나란히 되어야 하며, 그렇지 않을 경우 건물이 무너질 수 있다는 것을 알고 있었다.

이스라엘이 누리던 풍요의 저변에는 도덕적인 부패가 만연해 있었다. 하나님은 그 나라를 기준에서 벗어나 곧 무너질 것 같은 벽으로 묘사하셨다. 하나님은 그 불안정한 정도를 보여 주시기 위해 백성들 옆으로 하나님의 율법의 다림 줄을 내리신다. 하나님은 그 나라가 언제라도 무너져 내려, 벽에 쌓여 있던 벽돌들이 흩어지듯 원수들에 의해 흩어질 수 있다는 것을 보여주신다.

하나님은 백성으로 부르신 사람들의 삶에 말씀의 다림 줄을 내리시는 일을 결코 멈춘 적인 없다. 하나님은 우리들, 이 세대의 사람들에게도 계속해서 말씀의 다림 줄을 내리셔서 우리가 진리를 깨닫게 됨은 물론, 안정되고 견고한 삶을 발견하게 되기를 원하신다.

하나님은 나라뿐 아니라 인간의 마음에도 말씀의 다림 줄을 내리신다. 그래서 잠언은 "모든 열심을 다해서 마음을 지켜라. 그 마음이 바로 생명의 근원이기 때문이다"(잠 4:23)라고 권고하는 것이다.

2. Back to the Bible

(1) Back to the Bible이란?

'Back to the Bible'은 성경 속의 사건들을 게임을 통하여 체험함으로보다 쉽게 이해할 수 있도록 도와주는 보드게임 프로그램이다. 'Back to the Bible'은 다양한 성경의 사건들 즉, 전도여행이나 출애굽, 예언서에 나오는 사건들, 복음서의 예수님의 행적 등도 적용할 수 있다. 'Back to the Bible'을 하기에 앞서 성경책은 필수다.

'Back to the Bible'은 '내 마음 그리스도의 집'이라는 책을 가지고 하나님의 백성으로 어떻게 살아야 하는지 우리의 성화의 모습을 그려 본 것이다. 이 프로그램을 준비하시는 교사는 사전에 그 코스에 대한 지식을 알아두어야 한다. 각 조가 그곳에 도달했을 때 짧게 설명해 주는 것이 좋기 때문이다.

(2) 준비물

준비물은 사람이 말을 해도 될 만큼 큰 전지에 'Back to the Bible'의 지도를 그린다. 그냥 지도만 그리는 것보다는 여기저기 꾸미고 채색하는 것이 더 좋다. 그리고 주사위를 준비한다. 주사위는 기존의 직육면체 주사위 말고, 삼각뿔로 된 주사위를 마련한다. (주사위 만드는 방법은 캠프 프로그램 '하나님 말씀 따라'에 자세하게 나와 있다. 여기서는 주사위에 1~3까지의 숫자와 꽝을 그려야 한다.)

1) 준비하기

① 성경책, 'Back to the Bible' 지도(큰 지도), 삼각뿔 주사위.
② 해당 코스의 벌칙 준비물, 영원한 생명수(보너스 판)와 그에 따른 선물

예) 안대, 문제적은 종이, 우대권(조수만큼), 10원짜리 넣고 얼린 얼음(몇 개), 간식거리, 테이프, 빨래집게, 소금물, 혼합 주스, 젠가, 고무밴드, 도미노, 보너스 판, 관심사 순위를 적은 판, 외울 말씀이 적힌 종이, 신문이나 방석, 얼굴에 붙일 종이와 물 대접, 새로운 라벨을 붙인 박카스(인원수만큼), 여러 가지의 길(앞면에는 번호를 뒷면에 길 이름과 벌칙을 쓴다.), 두루마리 화장지, 신문지 뭉치, 상품(영원한 생명수에 걸려서 관심사 BEST 7을 맞출 때 주는 상품은 문화 상품권이 좋을 듯하다.)

2) 진행하기

① 우선 조를 나눈다. 조는 3~4개조로 하는 것이 좋다. 그 이상이 되어도 상관없지만, 다음 차례까지 기다리는 지루함이 있기 때

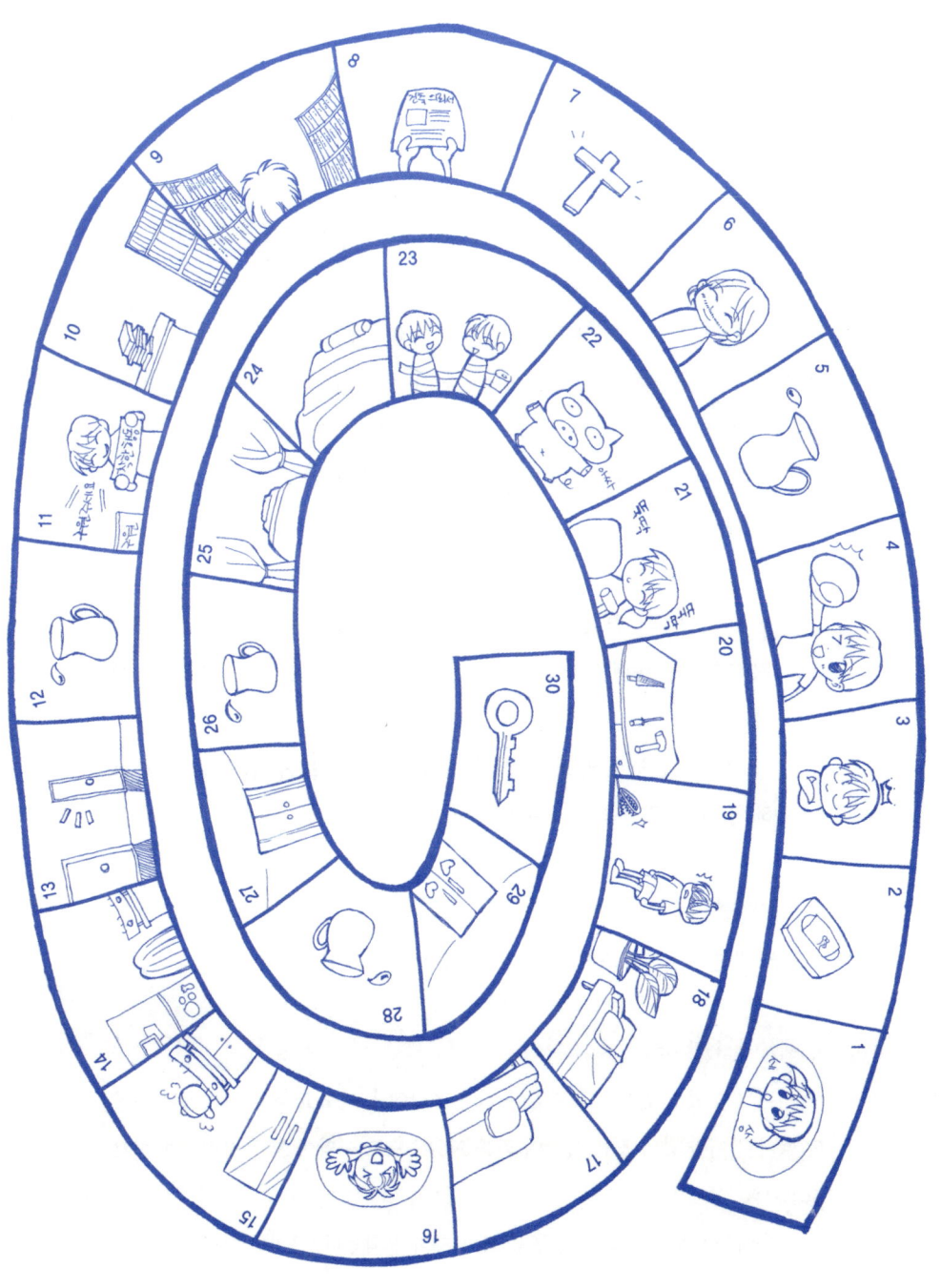

문이다. 각 조의 인원은 8~10명 정도가 적당하다.

② 규칙 및 벌칙: 여기 나오는 벌칙은 현장에서 경험한 것들을 기록해 놓은 것이다. 캠프 진행자에게 더 좋은 벌칙이 있다면 그 것을 응용해도 좋겠다.

③ 각 조당 말을 선택한다. 이때 휴대전화기를 말로 사용한다.

④ 주사위를 먼저 굴려 1등을 정한다. 1등의 오른쪽으로 차례가 시작된다. 1등이 먼저 주사위를 굴려 게임을 시작한다.

⑤ 주사위를 굴릴 때 각 조원이 순서를 정해 놓고 차례로 굴리도록 한다. 한 사람만 계속해서 굴리지는 일이 없도록 한다.

⑥ 해당 칸으로 말을 움직인다. 그 조는 해당 칸의 지령을 받고 행동 한 후에 다음 조가 주사위를 굴려 해당하는 칸으로 이동하고 그 칸의 지령을 받는다.

⑦ 한 조가 여러 번 같은 칸에 걸린다면(뒤로 가는 부분이 있어서 가능하다) 사회자가 재량껏 반복시키거나, 그 조는 그 칸에 대해서는 벌칙을 받지 않도록 한다.

⑧ 각 조가 칸에 걸리면 사회자는 해당 칸을 짧게 설명해 주거나 해당 성경구절을 읽어준다.

3) 지도의 내용

지도에는 이런 내용이 들어 있다(내 마음 그리스도의 집(성화) 편).

1. 세상에 속한 나

"이러므로 한 사람으로 말미암아 죄가 세상에 들어오고 죄로 말미암아 사망이 왔나니 이와 같이 모든 사람이 죄를 지었으므로 사망이 모든 사람에게 이르렀느니라"(롬 5:12)

☞ 우리는 아담이 범죄한 이후로 죄의 자녀가 되었다. 구원의 희망을 잃어버

린 존재이다. - 안대로 눈 가리고 1회 쉬기

2. 음란한 내 마음과 생각

"저희의 행위가 저희로 자기 하나님에게 돌아가지 못하게 하나니 이는 음란한 마음이 그 속에 있어 여호와를 알지 못하는 까닭이라"(호 5:4)

☞ 이 시대는 성적으로 타락한 시대이다. 우리의 몸과 마음도 음란한 생각뿐이군요. ㅜㅜ - 조원 모두 몸에 지니고 있는 옷을 한 가지씩 벗기. (양말은 안 된다.)

3. 세상의 가치관

☞세상의 주인은 나라고 하는 가치관이다. 하지만 이 세상의 주인은 하나님뿐이다. - 5+5+50=5055를 선분 하나를 사용해서 등호를 성립시켜라! (단, ≠ 이것은 안된다) 다음 자기 조 차례까지 문제를 풀면 주사위를 굴릴 기회가 있지만, 못 풀면 쉬게 된다(3회까지만).

4. 난 내 주먹과 머리를 믿지~~

☞ 죄인인 우리들은 하나님을 본능적으로 거부하고 자신의 생각과 판단, 주먹을 믿고 살아간다. 그래서 세상에 속한 사람에서 벗어나질 못하고 있다.

- 출발 지점으로 Back

5. 영원한 생명수

6. 지혜로운 건축자

☞우리의 죄악된 마음을 고칠 수 있는 분은 오직 예수님이다. - 우대권(어딜 가도 우리는 예수의 이름으로 승리할 수 있다). 우대권은 단 한 번만 지급한다. 뒤로 갔다가 앞으로 오면서 다시 걸려도 지급하지 않는다.

7. 구원은 무엇일까?

"하나님이 우리를 구원하사 거룩하신 부르심으로 부르심은 우리의 행위대로 하심이 아니요 오직 자기 뜻과 영원한 때 전부터 그리스도 예수 안에서 우리에게 주신 은혜대로 하심이라"(딤후 1:9)

☞우리가 천국에 들어갈 수 있는 길(구원)은 오직 하나뿐이다. 그것은 예수 그리스도를 믿는 일 뿐이다. (얼음 속에 10원짜리를 넣고 얼린다. 이것을 오직 체온으로만 녹이도록 한다. 남학생은 옷 속으로 얼음을 넣고 여학생은 손으로 녹인다. 이때 얼음이 잠깐이라도 몸에서 떨어져서는 안 된다.)

8. 예수님께 건축 의뢰서 제출하기(마음 문 열기)

☞ 타락한 인간이 죄의 길에서 벗어나는 길은 예수님을 나의 마음에 모시는 길뿐이다. - 조원들 모두 사도 신경을 정확하게 외우면 간식을 얻을 수 있다.(이때 글자 한자 한자를 유심히 살펴본다.)

9. 서재 둘러보기

☞이곳은 나의 마음의 서재이다. 내 마음에는 음란한 책들과 세상 적 쾌락에 대한 책, 돈 잘 벌 수 있는 책, 여행지도 등의 책들이 많이 있다. - 우대권이 있는 조는 우대권을 오른쪽 조에게 주어야 한다. 단 우대권이 없는 조는 자신들이 받은 선물이나 간식을 오른쪽 조에게 준다. 이것도 없는 조는 주사위를 굴려 나온 숫자만큼 뒤로 간다. (우대권을 소지한 조가 이 상황에서 우대권을 사용한다고 하면 가능하다.)

10. 서재 remodeling

☞ 내 마음에 가득 찬 세상의 더러운 것들을 예수님께서 다 몰아내시고 말씀을 주셨습니다. - "너희 안에 이 마음을 품으라 곧 그리스도 예수의 마음이니"(빌 2:5) 이 말씀을 조원 전체가 외운다. 다음 기회 때까지 다 외우도록 한

다. 자기 조 차례가 되었을 때 전체가 외운다. 한 사람이라도 틀리면 1회 쉰다. (빨래집게를 얼굴에 3개씩 붙이고 쉰다.)

11. 행위 구원

"복음에는 하나님의 의가 나타나서 믿음으로 믿음에 이르게 하나니 기록된 바 오직 의인은 믿음으로 말미암아 살리라 함과 같으니라"(롬 1:17)

☞세상은 나의 착한 행동으로 구원을 얻을 수 있다고 한다. 하지만 우리의 행동으로는 구원을 받을 수 없다. 오직 예수님을 믿는 믿음으로만 구원을 받을 수 있다. - 다리에는 테이프를 붙였다가 떼고, 얼굴에는 빨래집게를 집고 소금물을 한 대접 마시기 또는 혼합주스 마시기. (조원들끼리 자신들이 받을 벌칙을 정하도록 한다. 한 사람이 모든 벌칙을 다 하도록 해서는 안 된다. 조원들 모두가 동참해야 한다.) 이런 행위를 통해서도 우리는 구원에 이를 수 없다.

12. 영원한 생명수

13. 좁은 문

"좁은 문으로 들어가라 멸망으로 인도하는 문은 크고 그 길이 넓어 그리로 들어가는 자가 많고 생명으로 인도하는 문은 좁고 길이 협착하여 찾는 이가 적음이니라"(마 7:13~14)

☞신문지나 방석 위에 모든 조원이 올라가도록 한다. 다음 차례까지 무너지지 않고 버티면 간식을 제공하고 무너지게 되면 2회 쉰다.

14. 주방 둘러보기

"이는 세상에 있는 모든 것이 육신의 정욕과 안목의 정욕과 이생의 자랑이니 다 아버지께로 좇아 온 것이 아니요 세상으로 좇아 온 것이라"(요일 2:16)

☞내 안에 가득 찬 정욕을 하나님의 말씀으로 물리쳐야 한다. - 대표로 한 사람이 주기도문을 외우는데 정확하게 외워야 한다. 중간에 틀리면 다시 한다.

그동안 남자는 팔굽혀펴기 40회, 여자는 무릎 대고 팔굽혀펴기 30회를 한다.

15. 주방 Remodeling
☞자기 중심적인 욕구를 예수님께서 지워주시고 하나님의 뜻을 실천하는 마음을 주셨다. - 쉬는 조가 있다면 그 조에게 주사위를 던져 나오게 할 수 있다. 만약, 쉬는 조가 없다면 다른 조에게 주사위를 한 번 더 굴릴 기회를 준다. (이것이 예수님께서 우리 마음에 주신 사랑의 마음이다.)

16. 세상의 중심에 서서 복음을 외치다!!
☞나를 위해 자신의 목숨을 버리신 예수님을 내가 사랑한다. - 실내나 실외에서 하나님이 계심을 증명할 수 있는 것들을 가져오기.(다음 차례 때 다른 학생들에게 자신이 가져온 물건이 어떻게 하나님을 증명하는지 얘기한다.) 증명할 때 얼굴에 젖은 종이를 붙이고 그것을 떼어 내면서 이야기한다. (고무밴드로 머리카락을 묶는다. 이때 옆의 조원들이 해당 조의 조원의 머리카락을 묶어준다.)

17. 거실 둘러보기
☞너무나 포근하고 아늑한 방이다. 자기 혼자만의 휴식공간이다. 너무 좋은 곳이라서 잠이 오네요 - 3회 동안 푹 쉬십시오~~~ 조원들 모두 인간 성(城)을 쌓도록 한다. 다 쌓고 나면 "하나님이 최고예요! 하나님을 제일 사랑해요!"를 외치게 한다.

18. 거실 Remodeling
☞예수님과 교제하는 그 순간이 우리에게는 큰 기쁨의 순간이 되어야 한다. 우리는 예수님을 우선순위에 두는 우리가 되어야 한다. - 피로회복제나 비타민C를 먹는다(주님이 주시는 영양공급이다.). 여기서 피로회복제 병에 이런 문

구를 써놓고 주면 좋다. (병 옆에 붙어 있는 종이를 떼고 다음 문구를 붙여준다.)

19. 좌절이라는 함정

☞우리의 인생에는 수많은 어려움이 있다. 사단은 우리에게 좌절을 주어서 다시는 일어나지 못하게 한다. 이제 여러분 앞에 3개의 길이 있다. 어디로 가겠는가? 각 조는 길을 숫자만큼 만든다. 대신 길의 이름은 밑의 3개로만 한다. 이 때 길의 이름은 가려 놓는다.

① 고난의 길(자기 조원을 업고 앉았다 일어나기 5회하고 다음 차례까지 손들고 서 있기)
② 멸망의 길(우대권이 있다면 반납하고 1회 쉬기)
③ 위험의 길(뒤로 2칸)
④ 멸망의 길(3회 쉬기)
⑤ 고난의 길(받았던 선물이나 간식 반납)

20. 작업실 둘러보기

☞ 내가 원하는 것들을 만들어 내는 곳이다. 내가 하고 싶은 것, 내가 좋아하는 것들을 만들어 보자. - 조원들 모두 인간 성(城)을 3층으로 쌓도록 한다. 또는 알파벳이나 모형들을 조원들로 하여금 만들게 한다.

우리들의 자랑! OOO만을 위한 특별주스 - F!!!

① 효능, 효과
　　성령 충만(♨), 기쁨상승(♪), 체중감량(↓), 식욕상승(?)
　　사랑 가득(^O^), 피로회복(?), 자양강장(!!), IQ 상승(?),

피부 탱탱(^^) 등등

② 성분, 함량

정성(20%), 기도(20%), 사랑(20%), 눈물(20%), 행복(20%)........

그리고……. 예수님의 마음(♥) 1개

③ 사용상 주의사항 : 절대! 타인과 나눠 마시지 말 것.

(각자의 영적, 육적 상태에 따라 민감하게 개별 조제된 특수의약품)

④ 부작용

복용 후 너무 성령 충만해져서, 누군가에게 그 사랑을 나눠야만 하는 경우도 있음(가급적 OO교회 학생들과 선생님들에게 그 사랑을 나눠 주시길...^^;)

⑤ 용법, 용량

OO교회 학생들만 1일 1회 1병 복용!

⑥ 보관 방법

복용 후 성분이 완전 체내흡수까지 3일 소요. (그동안 소변금지!!-.-;)

⑦ 메모

"야곱아(이름) 너를 창조하신 여호와께서 이제 말씀하시느니라 이스라엘아 너를 조성하신 자가 이제 말씀하시느니라. 너는 두려워 말라 내가 너를 구속하였고 내가 너를 지명하여 불렀나니 너는 내 것이라."(사 43:1)

21. 작업실 Remodeling

☞ 이제 더는 나 스스로 하지 않고 내 안의 성령님께서 일하시도록 적극적으로 돕는 사람이 되기로 결심하자. 그래서 성령의 도움으로 노련한 일꾼(The Master-Worker)이 되자. - 원형을 만들어 일어서고 손 모양은 어긋나게(X모양) 해서 옆 사람과 잡는다. 이 상태에서 매듭을 풀어 간다. 이때 옆 사람과 잡은 손이 떨어지면 안 된다.

22. 오락실 둘러보기

☞앗싸 신나게 놀아보자~~ 주님!! 이 시간만큼은 제 뒤에 서 계세요~

- 돼지씨름을 한다. 여기에 걸린 조는 다른 한 조를 불러낸다. 이 조와 돼지씨름을 한다. 돼지씨름에 이긴 조는 가장 빠른 조와 자신의 말을 바꿀 수 있다. 만약 자신의 조가 가장 빠른 조라면 주사위를 한 번 더 굴릴 수 있다.

돼지씨름 진행하기는 조별게임의 돼지씨름 방법을 참고 한다.

23. 오락실 Remodeling

☞주님과 함께 하는 그 시간이 제일 행복하고 즐거운 시간이에요^^ 조원들이 원형으로 선 상태에서 두루마리 화장지로 한번 감는다. 이 상태에서 실내를 한 바퀴 돈다. 이때 휴지가 끊어져서는 안 된다. 만약 휴지가 끊어진다면(융통성으로 몇 조각 이하로 끊어지면 성공하기 등으로 한다.) 가장 늦은 조의 말을 여기로 데려오기, 휴지를 끊어뜨리지 않고 성공했으면 간식을 제공 받는다.

24. 침실 둘러보기

"모세는 율법에 이러한 여자를 돌로 치라 명하였거니와 선생은 어떻게 말하겠나이까"(요 8:5)

☞우리를 많이 무너뜨리는 것이 바로 성(性)이다. 주여~~ 나를 도와주소서

- 신문지로 돌멩이 뭉치를 만든다. 해당 조원들은 벽 쪽으로 가서 있는다. 다른 조원들은 이 신문지 뭉치를 들고 10초간 이 조를 향해 던진다.

25. 침실 Remodeling

"저희가 묻기를 마지 아니하는지라 이에 일어나 가라사대 너희 중에 죄 없는 자가 먼저 돌로 치라 하시고"(요 8:7)

☞성적인 유혹을 이기는 방법은 우선 ① 성적 유혹을 받을 장소에 있지 않는다. ② 유혹받을 만한 꺼리들을 멀리한다. ③ 정신을 다른 데 집중한다 - 여러

가지 잡곡을 섞은 것을 다음 자기 조 차례까지 종류별로 골라내기. 다음 차례까지 다 골라내지 못했을 경우는 1회 쉬고 다음 차례까지 엎드려뻗쳐!!! 또는 젠가를 1M 이상 높이로 쌓거나 도미노를 1M 이상 길게 세워놓도록 한다. 이 모든 것을 함께 해도 좋다.

26. 영원한 생명수

27. 벽장 둘러보기

☞ 나의 죄가 숨어 있는 곳이다. 아직도 더러운 죄가 벽장에 숨어 냄새를 풍기고 있다. 모두들 숨 막혀 하고 있다. 죄가 우리 안에 있으면 예수님과의 교제가 끊어지게 된다. - 자신의 조 뒤로 2칸

28. 영원한 생명수

29. 벽장 remodeling

☞이제 더 이상 죄로 인해 사단의 노예로 살지 않는다. 나는 이제 하나님의 백성으로 살아간다. 하나님 백성으로 살면 이 세상에서 겁날 것이 없다. 죄악의 사슬도 겁나지 않는다. 세상 끝나는 날까지 하나님 백성, 하나님 제일주로 살게 하소서! - 주사위를 던진 친구에게 행운의 기회가 주어진다. 사회자는 각 교회 만의 특징(예 : 담임목사님 성함, 학생회 올해 목표 등)이나 수련회에서 배운 중요한 것에 1문제를 낸다. 답을 맞히면 푸짐한 상품을 주도록 한다 (문화상품권이 좋겠다.).

30. 명의 이전

☞"저, 여기에 제 존재와 소유의 모든 것이 있습니다. 이제 당신이 집을 운영하여 주십시오. 저는 단지 심부름꾼과 친구로서 당신의 곁에 있겠습니다." 이 말이 주님께 내 마음의 집의 열쇠를 드리고 나서 우리 모두가 주님께 말하는

고백이 되기를 원한다. - 시원한 과일이나 음료수를 먹으며 나머지 조원들을 기다리자.

※ 백투더 바이블의 영원한 생명수(행운의 보너스) 상품과 보너스 상품을 준비하도록 한다(비싼 것으로 하지 말고 작은 것으로 준비한다(간식이나 볼펜 같은 것으로 하면 좋다).

※ 영원한 생명수
이곳은 행운의 보너스가 있는 곳이다. 여기서는 설문 순위를 맞출 기회 한번과 보너스 판을 뜯을 기회가 주사위를 굴린 학생에게 한 번 주어진다.

청소년들의 최대 관심사 BEST 7을 맞추면 준비한 상품을 주고 보너스 판에서도 숫자를 고를 수 있게 한다. 이때 청소년들의 관심사 BEST 7 말고 자기 부서 선생님 중 인기 많은 선생님이라든지, 세계 최고의 건축물이라든지, 여러 가지를 제시해도 좋다.

상품의 경중을 두도록 한다. 1위를 한 학생은 제일 좋은 선물을, 2위는 그다음으로 좋은 것 등(조원 모두에게 줄 수 있는 상품으로 한다.).

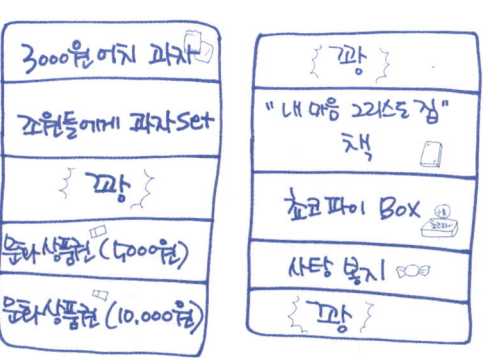

· 보너스는 보너스 판을 지정 15개의 항목 중 고르도록 한다.

· 중복으로 많이 걸리는 조에게는 관심사를 맞추는 기회를 주지 않고, 보너스만 지급하도록 한다.

· 보너스의 지급은 이렇게 한다.

· 영원한 생명수에 주사위를 굴려서 오게 한 사람이 주사위의 숫자 중 하나를 말한다.(삼각뿔 주사위는 1~4까지의 숫자가 있다.) 그런다음 주사위를 굴려서 자신이 말한 숫자가 나오면 성공이다. 개인선물은 그 사람에게 주고 조별 선물은 조원 모두에게 주도록 한다.

청소년들의 관심 BEST 7
1위 공부(대학입시) : 난 학생이야 대학가기 전까지는 무조건 공부해야 해~
2위 돈 : 뭐니 머니 해도…. money가 최고야!!~
3위 옷 : 옷이 날개? 나만의 개성을 뽐내고 싶다~~~
4위 노래, 음악, 춤 노래, :음악, 춤은 우리의 표현 분출구~~~
5위 인터넷, 친구 : 인터넷은 내 친구~~~
6위 스마트폰, 이성친구 : 우리 이대로 사랑하게 해주세요~~~~네?
7위 게임 : 게임이라면 며칠도 할 수 있다~~ 공부는 30분도 사절이다.

3. 명의 이전

모든 집에는 주인이 있습니다. 하나님께서 이 세상의 주인 되십니다. 나의 주인이시기도 하십니다. 내가 아무리 멋진 집을 지었어도 주인은 여전히 하나님이십니다. 우리는 캠프 기간 동안 아름다운 건축자로서 자신의 인생을 설계하고 리모델링함으로서 인생의 멋진 집을 꿈꿔 왔습니다. 그러나 우리에게는 또 하나의 집이 있음을 알았습니다. '내 마음 그리스도의 집'입니다. 그 집의 명의를 예수님께

위임하십시오. 그리고 고백하십시오. 이 집의 주인은 내가 아니라 우리 하나님이십니다.

(1) 준비하기
① 비전캠프 참석한 인원수에 맞게 작은 액자, 종이를 준비한다.
② 셋째 날 오전에 한 모든 프로그램을 정리하면서 닫는 예배로 마무리하는 시간이다.
③ 찬양예배로 드리기에 필요한 악기와 악보(OHP, 프로젝트)를 준비한다.

(2) 진행하기
① 찬양예배에 앞서 이번 수련회에 있었던 일들을 정리하는 시간으로 "명의이전" 프로그램을 갖는다.
② 학생들에게 준비된 종이를 한 장씩 주고 자신의 마음의 집을 어떻게 고쳐 나갈 것인지 적게 한다. 예를 들면 서재는 자신의 가치관을 세우는 곳으로, 주방은 자신의 취미를 다시 정하는 곳으로 등 비전학교 이후 구체적인 자신의 삶의 모습을 기록하는 것이다.
③ 한 명씩 나와 발표하게 한다.
④ 이어서 찬양예배로 수련회 닫는 예배를 드린다.
⑤ 함께 율동도 하고, 중보기도도 한다.

진행코멘트
① 비전학교에서 진행되었던 내용을 생각하면서 정리해보자.
② "명의이전" 프로그램을 통해 기록한 종이는 제출하게 하여 작은 액자에 넣어 비전학교가 끝나면 기념품으로 나눠준다.(코팅

을 해서 줘도 괜찮음) 그래서 각자 책상 위에 두고 비전학교에서 정한 나의 결심이 흔들릴 때마다 보면서 삶 속에 실현되도록 한다.

③ 비전학교의 마지막 날 찬양예배를 통해 축제적 분위기로 마무리 한다.

④ 함께 결단하고 기도하는 시간까지 인도한다.

15주. 비전학교 수료식

1. 나에게 보내는 사랑의 메일

내겐 잊을 수 없는 두 통의 편지가 있다. 사랑하는 아내의 생일을 한 달 앞두고 작은 노트에 매일 하루에 한 편의 편지를 써서 30통의 편지로 노트 한 권을 채운 후 생일날 선물로 준 적이 있다. 또 하나의 편지는 우리 둘이 마음이 상해있을 때 내가 한 가지 제안을 했다. 서로 포옹한 후 말로 편지를 써보자고 했다. 그때의 감격을 난 지금도 잊을 수 없다. '나에게 보내는 사랑의 메일'은 그곳에서 아이디어를 얻은 것이다. 우리가 다른 사람에게는 감동을 주고 사랑의 말도 하지만 나 자신에 대해서는 관용하지 못하고 살 때가 얼마나 많은가? 행사를 마치기 전 사랑하는 자신에게 편지를 쓰는 것이다. 지난날을 생각하면서 나 자신에게 야단도 치고, 위로도 하고, 용기도 주면서 '나에게 보내는 사랑의 메일'을 써보자.

(1) 진행하기

- 프로젝터나 OHP 필름을 이용해 '나에게 보내는 사랑의 메일' 이라고 쓴 예쁜 글을 띄운다.
- 프로젝터나 OHP 옆에 앉는 의자를 갖다 놓고 마이크와 티슈를 준비

해둔다.
- 준비된 노트에 '나에게 보내는 사랑의 메일'을 쓰게 한다.
- 사랑의 메일을 쓰는 동안 조용한 음악을 틀어준다.
- 모든 사람들이 끝난 것을 확인한 후 발표하는 시간을 갖는다.
- 사회자가 한 사람씩 지명하거나 자원해서 발표하도록 한다.
- 참여하는 인원이 30명 미만이면 모두 발표하도록 하고, 인원이 많을 경우 자원해서 발표할 수 있도록 한다.
- '나에게 보내는 사랑의 메일'은 모든 행사의 마지막 프로그램이다.

편지를 읽은 후 행사를 통해서 느낀 점을 간략하게 발표할 수 있도록 한다. 발표가 끝나면 행사에 사용했던 가이드북을 걷는다. 행사 기념품을 만들어 주기 위해서 꼭 필요하기 때문이다.
(자세한 내용은 사후관리를 참고하라)

(2) 나에게 보내는 사랑의 메일 쓰기

1) 비전캠프·수련회에 참여한 김수영 자매의 '나에게 보내는 사랑의 메일'

> 사랑하는 친구 수영이에게.
> 오랜만이다~ 너에게 이렇게 글로써 얘기하는 게...
> 예전에는 일기장에서 자주 만났었는데 ^^
> 참 용하다. 어떻게 그 8개월의 DST 훈련을 마쳤는지~
> 그래, 생각난다. 중간에 정말 도망치고 싶다고, 아무것도 하기 싫다고 모든 것을 놓아버리고 싶을 때가 있었지?
> 어쩌면 그때 포기해버릴 수도 있었겠지만 언제나 너를 강한 손으로 붙드시는 그분이 계셨기에 이곳까지 올 수 있었지.

> 참 감사하지. 수영아! 하나님이 너를 얼마나 사랑하시는지 알지?
> 언제나 너에게 사랑스러운 딸이라고 고백해 주시고, 또 주변에 너를 격려해 주고, 너를 위해 기도해 주는 많은 동역자들을 통해서 사랑을 표현하시잖아… 예전에는 그런 생각을 했었어… 네가 왜 그런 사랑을 받는지…
> 사랑을 받을 만한 무언가가 있는 것도 아닌데 하고 의아해했었지.
> 근데 지금은 그런 생각을 해. 너의 어떠함 때문이 아니라 년 하나님의 사랑하는 딸이기에 그 사랑을 받기에 합당한 자라는 사실을…
> 정말 온전한 주님의 은혜 아니겠니? 너 요새 고민이 많지? 생각도 많고. 그럴 만도 하지.
> 이것저것 따지면 네가 무엇을 할 수 있겠니~ 그냥 따라가는 거야. 오늘 아침 묵상 때도 주님께서 말씀하셨잖아~
> '예수 이름 앞에 나오는 자 복이 있도다~'라고… 하나님에 대한 믿음과 깊은 신뢰만 있다면 갈 수 있을 거야. 그 길을.
> 부르심의 그 길을… 주님과 함께한 '믿음의 모험'기대되지 않니? 잘해보자
> ~ 정말 사랑한다. 수영~!!♡

2) 비전캠프·수련회에 참여한 김진규 형제의 '나에게 보내는 사랑의 메일'

저는 겁이 많습니다. 그런 저에게 주님은 절벽으로 오라고 하셨습니다.
절벽으로 갔습니다. 주님은 더 절벽 쪽으로 오라고 하셔서 다가갔습니다.
주님께선 절 절벽 끝까지 잡아당겼습니다. 무서워서 돌아가려 했는데 주님은
절 밀어서 절벽 밑으로 떨어뜨렸습니다. 전 모든 게 끝이라고 생각했습니다.
그러나 그제야 비로소 제가 날 수 있다는 것을 깨달았습니다.
(진규 형제는 책 속에 나온 글을 통해 자신에게 용기를 주는 글을 썼다.)

3) 자유롭게 서로를 축복하고 격려하는 시간을 가지면서 은혜의 시간을 보낸 후 닫는 예배를 드린다.

3. 감사파티

비전학교 수료식에 깜짝 파티가 있다는 것을 모르게 진행해야 하기 때문에 가이드 북이나 안내지에 엉뚱한 제목을 기록해둔다. 저녁 식사 후 찬양으로 저녁집회를 준비하는 시간에 숙소나, 기타 특별한 장소에서 은밀하게 진행한다.

- 풍선으로 무대를 꾸미고 "여러분을 사랑합니다."라는 글을 정면에 붙여둔다.
- 풍선으로 환경을 예쁘게 꾸민다.
- 파티에 참석하는 신입생의 명단을 미리 작성하여 명찰과 예쁜 선물을 준비해둔다.
- 집회가 끝나면 장소를 이동하는데 깜짝 파티장 안에는 다음과 같이 준비되어 있다.
- 요술풍선을 깜짝 파티에 참여하는 사람 수보다 조금 여유 있게 불어 놓는다.
- 케이크를 든 사람이 중앙에 서 있고, 그 옆에는 기타 맨이 대기하고 있다.
- 간식을 준비해둔다.
- 깜짝 파티장으로 입장한다.
- 입장은 비전학교 수료생이 한 줄로 입장하고, 선생님들은 그 뒤를 이어서 한 줄로 입장한다.
- 이때, 케이크의 초는 점화된 상태가 되어야 하고, 축복송을 부르며 입장 한다.
- 비전학교를 수료할 수 있도록 허락하신 하나님께 감사의 찬양을 드리고, 기도로 격려하며 후원해준 부모님과 가족, 친구들에게 감사하며 허깅한다.

비전학교 집필을 마치며

'가나다라마바사' 주님을 찬양합니다.

'가' 장 높은 곳에서 낮고 천한
'나' 를 사랑해주시는 하나님을 찬양합니다.
'다' 른 사람들은 나를 이해하지 못할지라도 늘 기다려주시고 품에 안아주시는 하나님이 계셔서 얼마나 힘이 되는지 모릅니다.
'라' 디오를 통해 흘러나오는 찬양이 오늘따라 마음에 더욱 새겨집니다.
'마' 음을 다하고 성품을 다하고 힘을 다하여서 여호와를 사랑하라. 찬양의 가사와 곡조를 생각하면서 오늘도 주님을
'바' 라봅니다. 언제나 내게 힘을 주시고 능력을 주시고 다시 일어나 주의 길 걸어가게 하시는 주님. 이 시간 마음을 다하여 고백합니다. 주님
'사' 랑합니다.
'아' 무것도 가진 것이 없는 나를 찾아오셔서 주님을
'자' 랑 할 수 있는 도구로 사용하여 주시고
'차' 갑기만 했던 나의 가슴에 불을 질러주셔서 거룩한 열정으로 세상에 복음을 전하는 목회자로 불러주셨습니다. 국내사역은 물론이고, 남아프리
'카' 공화국, 독일, 태국, 중국, 말레이시야, 캄보디아, 필리핀에 가서도 복음을 전할 수 있는 기회를 주셨습니다. 보잘것없는 인생에게 꿈을 주셔서 주의 일을 하게 하신 하나님께서 가정과 교회에서 자라나는 우리의 자녀를 부르실 것입니다.

'타' 락한 세상의 물줄기를 따라 흘러내려 가는 자녀들이 아니라, 주님의 심장을 가지고 거친

'파' 도를 헤치며 더 넓은 세상을 향해 나아가는 자녀들로 만들어주실 것입니다. 작게만 여겨졌던 아이들이 언젠가는

'하' 나님께서 기뻐하시는 모습으로 살아갈 날들을 바라보며 오늘 여기 서 있습니다.

알파와 오메가 되시는 하나님을 향해 '가나다라마바사'로 저의 삶과 꿈을 표현해 보았습니다. 지금 이 시간 주님 앞에 '가나다라마바사'로 나의 사랑을 고백해보지 않으시겠습니까?

비전학교를 집필할 수 있었던 것은 개인적으로 큰 은혜요 감사였습니다. 보잘것없는 인생을 꿈꾸는 인생으로 만들어 주신 하나님께 감사합니다. 탁월한 지혜나 남다른 학력은 없지만, 주님께서 제게 주신 은사를 따라 작은 일에 충성하는 종이 되고 싶습니다. 다음 세대의 교육을 위해 비전학교를 손에 쥐는 지도자들에게 주님의 도우심이 있으시길 기도합니다. 필요로 하는 곳에 그 은혜를 나누겠습니다.

천준호 목사 : chunjh119@hanmail.net